감사·배려·화목의 인생을 열어 주는

감사행전(感謝行傳) 워크북

감사·배려·화목의 인생을 열어 주는

감사행전 워크북

이의용 지음

感謝行傳

학지사

'어떻게 하면 인생을 행복하게 살아갈 수 있을까?' 많은 이의 고민거리죠. 그런데 똑같은 상황에서도 어떤 이는 불평을 하고, 어떤 이는 감사를 합니다. 이걸 보면 행복은 마음먹기 나름이라고 할 수 있습니다.

인생을 살아가다 보면 여러 어려움을 겪기도 합니다. 그런데 어떤 이들은 그 어려움을 잘 이겨 내지 못하지만, 어떤 이들은 쉽게 극복합니다. 저는 그 비결이 긍정적인 생각, 감사하는 마음이라고 봅니다.

인생을 성공적으로 산 이들은 한결같이 고백합니다. "감사는 기쁨을 낳고, 기적을 낳고, 또 다른 감사를 낳는다"고……. 그러니 감사의 마음이야말로 행복의 열쇠라 할 수 있습니다.

스펄전은 "불행할 때 감사하면 불행이 끝이 나고, 형통할 때 감사하면 형통이 다시 찾아온다"고 했습니다. 로버트 슐러는 "하루에도 수백만 가지의 기적이 일어나지만, 그 기적을 기적으로 믿는 사람에게만 기적이 된다"고 했습니다.

저는 우리 청년들이 날마다 자기 삶 속에서 감사거리들을 찾아내며 행복하게 인생을 살아갔으면 좋겠습니다. 나아가 다른 사람들에게 행복을 만들어 주며 살아갔으면 좋겠습니다. 그러려면 다른 사람에게 배려를 할 줄 알아야겠지요. 나아가 다른 사람에게 사과하고 용서하며 화목하게 살아가기를 바랍니다. 감사, 배려, 사과와 용서는 인생을 행복하게 살아가기 위해 반드시 갖춰야 할 품성이라고 봅니다.

전주비전대학교가 학생들에게 이처럼 인생에 소중한 감사, 배려, 사과와 용서를 익히도록 교과목을 신설하는 것은 대학에서는 처음 있는 일입니다. 얼마나 귀한 일인지 모릅니다. 이 워크북을 제가 집필하게 되니 보통 영광스러운 일이 아닙니다. 그래서 30여 년 동안 감사운동을 벌여온 저의 경험과 지식을 다 쏟아부었습니다. 감사를 행동으로 삶의 현장에 전하자는 의미에서 책제목을 '감사행전(感謝行傳) 워크북'으로 지었습니다.

부디 우리 학생들이 날마다 성찰 일기를 쓰며 살아가기를 바랍니다. 하루에 열 번 이상 "고맙습니다!" 인사를 하고, 다섯 번 이상 다른 사람들로부터 "고맙습니다!" 인사를 받으며 살아가기를 바랍니다. 다른 사람들과 관계가 깨질 때마다 사과와 용서를 통해 관계를 회복하며 살아가기를 바랍니다. 또한 수업 중 만나는 감동적인 이야기들이 인생의 역경을 극복하는 밑거름이 되기를 바랍니다.

모쪼록 이 책을 통해 개인의 행복은 물론이고, 우리 사회 전체가 훨씬 더 평화롭고 행복한 공동체로 발전할 수 있기를 바랍니다.

2021년 8월
저자 이의용

수업 안내

1. 수업 목적

사회 진출을 앞둔 대학생들이

1) 감사, 배려, 사과, 용서를 삶에 적용함으로써

2) 스스로 행복한 인생을 준비하고

3) 나아가 삶의 현장을 건강한 사회 공동체로 이뤄 나가도록 돕는다.

2. 학습목표

본 과정을 충실히 학습하면

1) 감사, 배려, 사과와 용서를 삶에 적용함으로써 훌륭한 품성을 기를 수 있다.

2) 이번 학기에 성찰 일기 100개 이상을 기록해 볼 수 있다.

3) 날마다 다른 사람에게 10번 감사하고, 다른 사람으로부터 5번 감사 인사를 받으며 살아갈 수 있다.

3. 시수, 학점

1)

2)

4. 평가

1) 출석

2) 워크북 학습자료 작성

3) 워크북 성찰 일기 작성

4) 활동 참여

※ 평가 기준은 담당 교수에 따라 조정될 수 있음

5. 수업 방법

1) 학습자 참여

2) 학습자 주도

3) 상호작용

4) 체험학습

6. 주차별 수업 진행표

주차	주제	내용	비고
1	개강	오리엔테이션, 진단	
2	감사 1	1. 감사란?	
3	감사 2	2. 왜 감사인가? 3. 감사를 막는 벽 4. 감사를 여는 문	
4	감사 3	5. 감사 찾기	
5	감사 4	6. 감사 기억하기	
6	감사 5	7. 감사 표현하기	
7	배려 1	1. 배려란? 2. 왜 배려인가? 3. 배려를 막는 벽	
8	배려 2	4. 배려의 사람들 5. 배려를 여는 문	
9	배려 3	6. 이런 게 배려	
10	배려 4	7. 나는 이런 배려를 해 보겠다 8. 그 사람의 일기 쓰기	
11	사과 1	1. 사과란? 2. 이런 사과, 저런 사과	
12	사과 2	3. 사과를 막는 벽 4. 왜 사과를 해야 하나? 5. 사과를 여는 문 6. 사과의 방법	
13	용서 1	7. 용서란? 8. 용서의 사람들 9. 용서를 막는 벽 10. 왜 용서를 해야 하나?	
14	용서 2	11. 용서를 여는 문 12. 용서의 방법 13. 나의 사과와 용서	
15	피드백 데이	진단, 워크북 점검, 평가	

주차별 수업

●●●

매주 일정한 순서에 따라 수업이 진행됩니다.
교수님 및 다른 동료들과 소통하면서 감사, 배려, 사과와 용서를 체득해 봅시다.

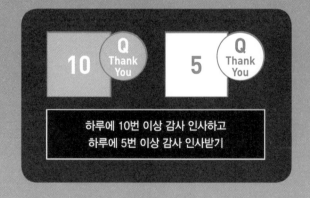

하루에 10번 이상 감사 인사하고
하루에 5번 이상 감사 인사받기

제1주 개강

1. 오프닝
   1) 교수와 학생 인사(반미고잘[1])
   2) 출석체크

2. 조 편성, 인사

조원 이름	소속 등	호기심 질문[2]

3. 진단: 학습자료 1

4. 성찰 일기 쓰기: 학습자료 2

---

1 "반갑습니다!", "미안합니다!", "고맙습니다!", "잘했습니다!" 한 목소리로 외치기
2 한 사람에 대하여 여러 사람이 궁금한 걸 한 가지씩 묻는다. 답변자는 각각의 질문에 대해 점수를 매긴다(10점 만점). 그중 가장 높은 점수를 받은 질문에 대해 답해 준다.

제2주 **감사 1**

1. 오프닝

    1) 인사-감사의 말(뒤표지)

    2) 출석체크

2. 감동 스토리

감동적인 위기 극복, 도전의 영상, 기사, 예화 감상하며 SFLD 작성하기

구분	메모
1) Summary 어떤 내용인가?	
2) Feel 어떻게 느꼈나?	
3) Learn 무엇을 알게 됐나?	
4) Do 내가 실천할 점은?	

3. 워크숍

강의를 들으며 워크북(학습자료 1)으로 학습하기

4. 성찰 일기 쓰기와 나눔(학습자료 2에 기록)

    1) 고마운 일

    2) 내가 받은 감사

    3) 내가 베푼 칭찬, 인정, 격려, 위로, 배려, 사과, 용서

    ※ 매일 1가지씩, 매주 7개, 학기 중 105개 작성

5. 오늘 수업 한 줄 소감

제3주 감사 2

1. 오프닝

1) 인사 – 감사의 말(뒤표지)

2) 출석체크

2. 감동 스토리

감동적인 위기 극복, 도전의 영상, 기사, 예화 감상하며 SFLD 작성하기

구분	메모
1) Summary 어떤 내용인가?	
2) Feel 어떻게 느꼈나?	
3) Learn 무엇을 알게 됐나?	
4) Do 내가 실천할 점은?	

3. 워크숍

강의를 들으며 워크북(학습자료 1)으로 학습하기

4. 성찰 일기 쓰기와 나눔(학습자료 2에 기록)

1) 고마운 일

2) 내가 받은 감사

3) 내가 베푼 칭찬, 인정, 격려, 위로, 배려, 사과, 용서

※ 매일 1가지씩, 매주 7개, 학기 중 105개 작성

5. 오늘 수업 한 줄 소감

제4주 감사 3

1. 오프닝

1) 인사-감사의 말(뒤표지)

2) 출석체크

2. 감동 스토리

감동적인 위기 극복, 도전의 영상, 기사, 예화 감상하며 SFLD 작성하기

구분	메모
1) Summary 어떤 내용인가?	
2) Feel 어떻게 느꼈나?	
3) Learn 무엇을 알게 됐나?	
4) Do 내가 실천할 점은?	

3. 워크숍

강의를 들으며 워크북(학습자료 1)으로 학습하기

4. 성찰 일기 쓰기와 나눔(학습자료 2에 기록)

1) 고마운 일

2) 내가 받은 감사

3) 내가 베푼 칭찬, 인정, 격려, 위로, 배려, 사과, 용서

※ 매일 1가지씩, 매주 7개, 학기 중 105개 작성

5. 오늘 수업 한 줄 소감

제5주 감사 4

1. 오프닝

1) 인사−감사의 말(뒤표지)

2) 출석체크

2. 감동 스토리

감동적인 위기 극복, 도전의 영상, 기사, 예화 감상하며 SFLD 작성하기

구분	메모
1) Summary 어떤 내용인가?	
2) Feel 어떻게 느꼈나?	
3) Learn 무엇을 알게 됐나?	
4) Do 내가 실천할 점은?	

3. 워크숍

강의를 들으며 워크북(학습자료 1)으로 학습하기

4. 성찰 일기 쓰기와 나눔(학습자료 2에 기록)

1) 고마운 일

2) 내가 받은 감사

3) 내가 베푼 칭찬, 인정, 격려, 위로, 배려, 사과, 용서

※ 매일 1가지씩, 매주 7개, 학기 중 105개 작성

5. 오늘 수업 한 줄 소감

제6주 감사 5

1. 오프닝

1) 인사−감사의 말(뒤표지)

2) 출석체크

2. 감동 스토리

감동적인 위기 극복, 도전의 영상, 기사, 예화 감상하며 SFLD 작성하기

구분	메모
1) Summary 어떤 내용인가?	
2) Feel 어떻게 느꼈나?	
3) Learn 무엇을 알게 됐나?	
4) Do 내가 실천할 점은?	

3. 워크숍

강의를 들으며 워크북(학습자료 1)으로 학습하기

4. 성찰 일기 쓰기와 나눔(학습자료 2에 기록)

1) 고마운 일

2) 내가 받은 감사

3) 내가 베푼 칭찬, 인정, 격려, 위로, 배려, 사과, 용서

※ 매일 1가지씩, 매주 7개, 학기 중 105개 작성

5. 오늘 수업 한 줄 소감

제7주 배려 1

1. 오프닝

1) 인사-배려의 말(뒤표지)

2) 출석체크

2. 감동 스토리

감동적인 위기 극복, 도전의 영상, 기사, 예화 감상하며 SFLD 작성하기

구분	메모
1) Summary 어떤 내용인가?	
2) Feel 어떻게 느꼈나?	
3) Learn 무엇을 알게 됐나?	
4) Do 내가 실천할 점은?	

3. 워크숍

강의를 들으며 워크북(학습자료 1)으로 학습하기

4. 성찰 일기 쓰기와 나눔(학습자료 2에 기록)

1) 고마운 일

2) 내가 받은 감사

3) 내가 베푼 칭찬, 인정, 격려, 위로, 배려, 사과, 용서

※ 매일 1가지씩, 매주 7개, 학기 중 105개 작성

5. 오늘 수업 한 줄 소감

제8주 배려 2

1. 오프닝

1) 인사-배려의 말(뒤표지)

2) 출석체크

2. 감동 스토리

감동적인 위기 극복, 도전의 영상, 기사, 예화 감상하며 SFLD 작성하기

구분	메모
1) Summary 어떤 내용인가?	
2) Feel 어떻게 느꼈나?	
3) Learn 무엇을 알게 됐나?	
4) Do 내가 실천할 점은?	

3. 워크숍

강의를 들으며 워크북(학습자료 1)으로 학습하기

4. 성찰 일기 쓰기와 나눔(학습자료 2에 기록)

1) 고마운 일

2) 내가 받은 감사

3) 내가 베푼 칭찬, 인정, 격려, 위로, 배려, 사과, 용서

※ 매일 1가지씩, 매주 7개, 학기 중 105개 작성

5. 오늘 수업 한 줄 소감

제9주 배려 3

1. 오프닝

1) 인사–배려의 말(뒤표지)

2) 출석체크

2. 감동 스토리

감동적인 위기 극복, 도전의 영상, 기사, 예화 감상하며 SFLD 작성하기

구분	메모
1) Summary 어떤 내용인가?	
2) Feel 어떻게 느꼈나?	
3) Learn 무엇을 알게 됐나?	
4) Do 내가 실천할 점은?	

3. 워크숍

강의를 들으며 워크북(학습자료 1)으로 학습하기

4. 성찰 일기 쓰기와 나눔(학습자료 2에 기록)

1) 고마운 일

2) 내가 받은 감사

3) 내가 베푼 칭찬, 인정, 격려, 위로, 배려, 사과, 용서

※ 매일 1가지씩, 매주 7개, 학기 중 105개 작성

5. 오늘 수업 한 줄 소감

제10주 배려 4

1. 오프닝

    1) 인사–배려의 말(뒤표지)

    2) 출석체크

2. 감동 스토리

    감동적인 위기 극복, 도전의 영상, 기사, 예화 감상하며 SFLD 작성하기

구분	메모
1) Summary 어떤 내용인가?	
2) Feel 어떻게 느꼈나?	
3) Learn 무엇을 알게 됐나?	
4) Do 내가 실천할 점은?	

3. 워크숍

    강의를 들으며 워크북(학습자료 1)으로 학습하기

4. 성찰 일기 쓰기와 나눔(학습자료 2에 기록)

    1) 고마운 일

    2) 내가 받은 감사

    3) 내가 베푼 칭찬, 인정, 격려, 위로, 배려, 사과, 용서

    ※ 매일 1가지씩, 매주 7개, 학기 중 105개 작성

5. 오늘 수업 한 줄 소감

제11주 사과 1

1. 오프닝

1) 인사-사과의 말(뒤표지)

2) 출석체크

2. 감동 스토리

감동적인 위기 극복, 도전의 영상, 기사, 예화 감상하며 SFLD 작성하기

구분	메모
1) Summary 어떤 내용인가?	
2) Feel 어떻게 느꼈나?	
3) Learn 무엇을 알게 됐나?	
4) Do 내가 실천할 점은?	

3. 워크숍

강의를 들으며 워크북(학습자료 1)으로 학습하기

4. 성찰 일기 쓰기와 나눔(학습자료 2에 기록)

1) 고마운 일

2) 내가 받은 감사

3) 내가 베푼 칭찬, 인정, 격려, 위로, 배려, 사과, 용서

※ 매일 1가지씩, 매주 7개, 학기 중 105개 작성

5. 오늘 수업 한 줄 소감

제12주 사과 2

1. 오프닝

　1) 인사−사과의 말(뒤표지)

　2) 출석체크

2. 감동 스토리

　감동적인 위기 극복, 도전의 영상, 기사, 예화 감상하며 SFLD 작성하기

구분	메모
1) Summary 어떤 내용인가?	
2) Feel 어떻게 느꼈나?	
3) Learn 무엇을 알게 됐나?	
4) Do 내가 실천할 점은?	

3. 워크숍

　강의를 들으며 워크북(학습자료 1)으로 학습하기

4. 성찰 일기 쓰기와 나눔(학습자료 2에 기록)

　1) 고마운 일

　2) 내가 받은 감사

　3) 내가 베푼 칭찬, 인정, 격려, 위로, 배려, 사과, 용서

　※ 매일 1가지씩, 매주 7개, 학기 중 105개 작성

5. 오늘 수업 한 줄 소감

제13주 용서 1

1. 오프닝

  1) 인사—용서의 말(뒤표지)

  2) 출석체크

2. 감동 스토리

  감동적인 위기 극복, 도전의 영상, 기사, 예화 감상하며 SFLD 작성하기

구분	메모
1) Summary 어떤 내용인가?	
2) Feel 어떻게 느꼈나?	
3) Learn 무엇을 알게 됐나?	
4) Do 내가 실천할 점은?	

3. 워크숍

  강의를 들으며 워크북(학습자료 1)으로 학습하기

4. 성찰 일기 쓰기와 나눔(학습자료 2에 기록)

  1) 고마운 일

  2) 내가 받은 감사

  3) 내가 베푼 칭찬, 인정, 격려, 위로, 배려, 사과, 용서

  ※ 매일 1가지씩, 매주 7개, 학기 중 105개 작성

5. 오늘 수업 한 줄 소감

제14주 용서 2

1. 오프닝

   1) 인사-용서의 말(뒤표지)

   2) 출석체크

2. 감동 스토리

   감동적인 위기 극복, 도전의 영상, 기사, 예화 감상하며 SFLD 작성하기

구분	메모
1) Summary 어떤 내용인가?	
2) Feel 어떻게 느꼈나?	
3) Learn 무엇을 알게 됐나?	
4) Do 내가 실천할 점은?	

3. 워크숍

   강의를 들으며 워크북(학습자료 1)으로 학습하기

4. 성찰 일기 쓰기와 나눔(학습자료 2에 기록)

   1) 고마운 일

   2) 내가 받은 감사

   3) 내가 베푼 칭찬, 인정, 격려, 위로, 배려, 사과, 용서

   ※ 매일 1가지씩, 매주 7개, 학기 중 105개 작성

5. 오늘 수업 한 줄 소감

제15주 피드백 데이

1. 오프닝

   1) 인사-"반미고잘"

   2) 출석체크

2. 수업 후 진단(학습자료 1)

3. 수업 총정리

4. 수업 소감 나누기

자료 감사행전을 위한 특별활동

다음은 수업 중 활용할 수 있는 활동 자료입니다.

번호	제목	내용
1	배려 사진전	생활 주변에서 볼 수 있는 배려의 사례, 배려 부족의 사례를 촬영하여 공유
2	감사 쿠폰	학기 초에 1인당 5매 구입 평소 고마운 일을 베푼 사람에게 전달 학기 말에 상품으로 교환
3	감사장 만들기	평소 가장 고마운 사람에게 감사장(액자)을 제작하여 전달하고 사진을 인증샷!
4	감사 백일장	감사를 주제로 하는 2행시, 15자 글짓기
5	감사 영상 제작	고마운 사람에게 보내는 동영상 편지를 제작하여 학교 홈페이지에 공유
6	파안대소 사진전(투표)	가장 환환 얼굴의 동료 사진을 촬영하여 학교 홈페이지에 공유하고, 우승작을 시상
7	심폐소생술	다른 사람을 배려하기 위해 심폐소생술을 배우기(소방대 초청)
8	감사 편지	교내 외의 고마운 사람에게 보내는 짧은 감사 메시지를 학교 홈페이지나 전광판에 송출
9	반미고잘 캠페인	수업 시작할 때 "반갑습니다!", "미안합니다!", "고맙습니다!", "잘했습니다!" 연습
10	배려 연습	내가 연 문 손잡이를 다음 사람에게 전달하기, 상대방이 받기 편하게 물건 전달하기 등 연습

학습자료 1

주차별 학습활동

• • •

강의를 경청하며 내 생각을 더해 적어 봅시다.

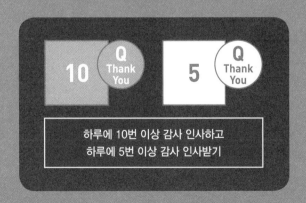

1 개강

수업 전 진단-나의 감사 상태는?

다음 질문에 해당되는 답에 표시를 한 후 합산을 해 봅시다.

① 전혀 그렇지 않다 ② 그런 편이다 ③ 보통이다 ④ 그렇다 ⑤ 매우 그렇다

그룹	질문	체크				
		①	②	③	④	⑤
A	1. 나는 늘 감사하면서 살고 있고, 그렇게 살고 싶다.					
	2. 나는 하루에 10회 이상 "고맙다"는 말을 하면서 산다.					
	3. 나는 감사가 삶에 왜 유익한지 설명할 수 있다.					
	4. 나는 무엇이 감사를 막는지 잘 알고 있고, 그것을 늘 경계한다.					
	5. 나는 감사는 마음먹기 나름이라고 생각한다.					
	6. 나는 감사거리를 찾아내는 방법을 알고 있으며, 지금 당장 고마운 일 10가지 정도를 생각해 낼 수 있다.					
	7. 나는 내가 이미 많은 것을 받아 누리고 있으며, 그것을 다른 사람과 나눠야 한다고 생각한다.					
	8. 나는 고마운 일을 기억하기 위해 매일 일기를 쓰고 있다.					
	9. 나는 고마운 일이 있을 때 고마운 사람에게 어떻게든 감사를 표현한다.					
	10. 나는 다른 사람으로부터 신세를 질 경우 언젠가 갚아야 한다고 생각한다.					
	계					
B	1. 나는 남에게 배려하면서 살고 싶다.					
	2. 나는 왜 다른 사람에게 배려하며 살아야 하는지 설명할 수 있다.					
	3. 나는 다른 사람을 위해 내가 연 문의 손잡이를 다음 사람에게 건네준다.					
	4. 나는 다른 사람과 소통할 때 상대방이 쉽게 이해할 수 있게 표현한다.					
	5. 나는 다른 사람으로부터 하루에 5번 정도는 "고맙다"는 말을 듣는다.					
	6. 나는 다른 사람을 칭찬, 격려, 위로, 공감하려고 노력하며 그렇게 할 때마다 기쁨을 느낀다.					
	7. 나는 최근 6개월 안에 어려운 사람을 도와준 경험이 있다.					
	8. 나는 공동체를 위해 절전이나 절수, 쓰레기 분리 배출을 철저히 한다.					
	9. 나는 다른 사람에게 폐를 끼치지 않으려 공중도덕과 질서를 잘 지킨다.					
	10. 나는 누군가의 편리를 위해 내가 불편을 감수하곤 한다.					
	계					

	1. 나는 주변 사람들과 화목하게 살고 싶고, 그렇게 살아가고 있다.					
	2. 나는 다른 사람에게 잘못할 경우 사과하고, 다른 사람의 잘못을 관용하며 살려고 노력한다.					
	3. 나는 왜 사과를 하고, 왜 용서를 하며 살아야 하는지 설명할 수 있다.					
	4. 나는 무엇이 사과와 용서를 막는지 알고 있다.					
	5. 나는 내가 잘못할 경우 어떻게 사과하고 용서를 받아야 하는지 방법을 알고 있다.					
C	6. 나는 내가 최근에 사과한 사람의 이름을 3명 정도 생각해 낼 수 있다.					
	7. 나는 최근 내게 사과한 사람을 관용한 경우를 3개 정도 생각해 낼 수 있다.					
	8. 나는 다른 사람이 내게 잘못을 하더라도, 차분하게 합리적으로 문제를 해결하는 편이다.					
	9. 나는 내게 다른 사람에게 잘못한 경우 가급적 빠른 시간 안에 사과하고 관계를 회복하는 편이다.					
	10. 나는 내 주변에서 일어나는 불합리한 일에 대해, 직접적인 관련이 없어도 외면하지 않고 참여하여 문제를 해결하려고 애를 쓴다.					
	계					

해설

1) 각 그룹의 내용은 다음과 같습니다.

   (1) A그룹-나는 얼마나 감사하며 사는가?

   (2) B그룹-나는 얼마나 배려하며 사는가?

   (3) C그룹-나는 얼마나 주위 사람들과 화목하게 사는가?

2) 가장 높은 그룹은 어느 것입니까?

3) 가장 낮은 그룹은 어느 것입니까?

4) 각 그룹별로 점수가 낮은 항목에 ○표를 하고, 앞으로 어떻게 개선해 나갈 것인지 적어 봅시다.

번호	개선할 점
(1)	
(2)	
(3)	
(4)	
(5)	

2 감사

1. 감사란?

● '감사'로 2행시 짓기

감	
사	

● '감사'의 사전적 정의는 무엇인가요?

감사(感謝)	

● '감사'를 무엇이라고 생각합니까? 그렇게 생각하는 이유는?

● '감사'를 주제로 15자 글짓기를 해 봅시다(구두점, 띄어쓰기 없이).

2. 왜 감사인가?

● 감사하며 살면 심리적으로(정신적으로) 어떤 점이 좋을까요?

● 감사하며 살면 신체적으로(건강에) 어떤 점이 좋을까요?

3. 감사를 막는 벽

● 무엇이 감사를 막을까요?(예: 욕심)

● 나의 경우, 위의 예 중에서 가장 영향을 많이 주는 것 4가지를 든다면 어떤 것인가요?

4. 감사를 여는 문

● 감사를 생활화하며 산 사람 중 닮고 싶은 사람은 누구입니까? 그의 어떤 점을 닮고 싶습니까?

이름	닮고 싶은 점

● 감사의 문을 열어 주는 가장 중요한 열쇠는 무엇이라고 생각합니까?

열쇠	왜?

5. 감사 찾기

● 공들이 불평 대회를 열었습니다. 다음 공들은 어떤 불만(불평)을 말할까요?

공	불만(불평)
배구공	
축구공	
야구공	
골프공	

● 공들이 감사 대회를 열었습니다. 다음 공들은 어떤 감사(자랑)를 말할까요?

공	감사(자랑)
배구공	
축구공	
야구공	
골프공	

● 감사를 찾는 그물의 4가지 키워드는 무엇일까요?

키워드	뜻
남	
숨	
특	
좋	

● 4가지 키워드로 내 삶 속에서 고마운 일을 2가지씩 찾아봅시다.

키워드	지금 내 삶 속의 고마운 일
남＿＿＿＿＿＿	
숨＿＿＿＿＿＿	
특＿＿＿＿＿＿	
좋＿＿＿＿＿＿	

● 나의 심장은 하루에 몇 번이나 뛰는지 계산해 봅시다.

● 나는 하루에 몇 번이나 숨을 쉬는지 계산해 봅시다.

● 코로나19로 지구촌 모든 인류가 고통받고 있습니다. 그럼에도 코로나19로 얻은 것도 찾아볼 수 있습니다. 어떤 것이 있을까요?

● 나는 (   )이 없음을 한탄했는데, 거리에서 (   )이 없는 사람을 만났다. -카네기

● 사과 3개를 맛있게 먹는 방법을 찾아봅시다.

38

● 다음 칸에 긍정적인 단어와 부정적인 단어를 적어 봅시다.

긍정어	부정어

● 다음 부정적인 말을 긍정적인 말로 고쳐 봅시다.

부정어	긍정어
"오늘도 늦으면 어떡해?"	
"또 실수한 거야?"	
"왜 이렇게 전화를 안 받니?"	
"또 핸드폰 안 갖고 나왔네!"	
"밥이나 먹어라!"	

● 다음 4가지 렌즈(거울)로 내 인생에서 고마운 일을 1가지씩 찾아봅시다.

망원경	내 생애에서 고마운 일 찾아보기
돋보기	오늘 고마운 일 찾아보기
사이드 미러	내가 처한 환경(상황)이나 주위 사람들에게서 고마운 일 찾아보기
잠망경	내가 믿는 신(神)에게 고마운 일 찾아보기

학습자료 1

6. 감사 기억하기

● 기억하는 것보다 (   )하는 것이 더 오래 남는다.

● 감사일기를 쓰는 목적이 무엇이라고 생각합니까?

● 감사일기를 쓰면 어떤 점이 좋아지는지 생각해 봅시다.

1	
2	
3	
4	
5	

7. 감사 표현하기

● 감사는 표현입니다.

감사를 표현할 때에는 어떤 점에 유의하면 좋을지 적어 봅시다.

1	
2	
3	
4	

● 상대방이 감사를 표해 올 때 적절한 답변을 찾아봅시다.

"고맙습니다"	

● 지금 가장 고마운 이에게 SNS로 감사 메시지를 보냅시다. 어떤 답변이 오는지 옮겨 적어 봅시다.

대상	보낸 메시지	보내 온 메시지(응답)

3 배려

1. 배려란?

● 최근에 내가 받은 배려가 있다면 어떤 것인가요?

누가?	어떤 상황에서	어떤 배려를?

● '배려'는 무엇이라고 생각하나요? 왜 그렇게 생각하나요?

배려는 ( )이다.	왜?
●	

● 한자 '配慮(배려)'는 무슨 뜻일까요?

配慮	

2. 왜 배려인가?

● 우리는 왜 다른 사람에게 배려를 해야 할까요? 그 이유를 적어 봅시다.

1	
2	
3	
4	
5	

학습자료 1

3. 배려를 막는 벽

● 무엇이 배려를 막을까요?

● 우리의 일상생활에서 필요하다고 느끼는 배려가 있다면 어떤 것인가요?

예) 맹견에게 목줄과 입마개 하고 외출하기	

4. 배려의 사람들

● 뉴스 보도, 직접 경험 등으로 알게 된 배려하는 사람들의 사례를 찾아 이야기를 나눠 봅시다.

1	
2	
3	
4	

● 한 노인이 숨을 거두면서 세 아들에게 유언을 했답니다. 당신이 아들이라면 어떻게 유언을 받들 겁니까?

"내 전 재산은 소 17마리다. 큰아들은 반을, 둘째는 3분의 1을, 막내는 9분의 1을 나눠 갖고 잘 키우거라."

아버지 장례를 마친 자녀들은 아버지의 유산 소 17마리를 나누어 가지려 했습니다. 그런데 유언대로 나누기가 어려웠습니다. 큰아들의 몫 절반은 $17 \div 2 = 8.5$로 8마리 반이니, 소 한 마리를 반으로 잘라 죽여야 했죠. 둘째의 몫은 $17 \div 3 = 5.666 \cdots \cdots$마리이고, 막내의 몫은 $17 \div 9 = 1.888 \cdots \cdots$마리였기 때문입니다.

5. 배려를 여는 문

● '우분투(Ubuntu) 정신'이 무엇인지 설명해 봅시다.

Ubuntu 정신	

● 배려란, 상대방의 (　　　　　)에 나의 (　　　　　)를 맞추는 것이다.

● 3종류의 인간

종류	특징
Taker	
Matcher	
Giver	

● 교수-학생 간 배려할 수 있는 것은 무엇이 있을까요?

교수가 학생에게	
학생이 교수에게	

6. 이런 게 배려

● 어떻게 하는 것이 배려인지 구체적인 방법을 1가지 이상씩 적고 동료들과 공유해 봅시다.

배려의 종류	실천해 볼 수 있는 구체적인 방법(사례)
(1) 폐를 안 끼치는 것	
(2) 주는 것	
(3) 마음을 보살펴 주는 것	
(4) 공동체 누군가를 위하는 것	
(5) 더불어 사는 것	
(6) 약자를 돕는 것	
(7) 남겨 두는 것	
(8) 필요를 채워 주는 것	
(9) 상대방 입장에서 표현하는 것	
(10) 경청하는 것	
(11) 갚는 것	
(12) 자연, 환경, 생명을 살리는 것	
(13) 자발적으로 손해를 보는 것	
(14)	

학습자료 1

7. 나는 이런 배려를 해 보겠다

● 앞의 사례를 참고하여, 나의 삶 속에서 해 보고 싶은 배려의 사례(방법)를 찾아보고 실천해 봅시다.

상황	내가 실천하고 싶은 배려들
(1) 가정에서	
(2) 캠퍼스에서	
(3) 거리에서	
(4) 대중교통 수단에서(버스, 지하철)	
(5) 공공장소에서(식당, 상가 등)	
(6) 도로, 주차장에서	
(7) 아르바이트 현장, 일터에서	
(8) 그 밖에…….	

8. 그 사람의 일기 쓰기

● 내가 누군가에게 배려를 했을 때, 그 사람은 자신의 감사일기장에 어떻게 적을까요? 그걸 상상해서 적어 봅시다.

● 하루에 10번 이상 감사 인사를 하고, 5번 이상 감사 인사를 받으며 삽시다.

4 사과

1. 사과란?

- 사과는 (   )을 구하는 (   ), 용서는 사과를 받아들이는 (   )이다.

- 어떤 잘못이나 실수에 대하여 구실을 대며 그 까닭을 말하는 것은 (   )이다.

- 사과는 잘못을 (   )하고 용서를 (   ) 것이다.

2. 이런 사과, 저런 사과

● 독일과 일본은 똑같은 전범(戰犯) 국가이지만 종전 후 두 나라가 보인 태도는 크게 다릅니다.
두 나라의 태도를 비교해 봅시다.

독일	구분	일본
	사실 인정	
	반성과 사죄	
	보상, 배상	
	전범자 처리	
	역사 교육	

● "역사를 잊은 민족에게 미래는 없다"고 합니다. 우리나라의 경우에도 역사적 반성과 사과를 잊은
경우가 있습니다. 해방(1945년) 이후 어떤 일이 있었는지 찾아봅시다.

사례	그로 인한 후유증

3. 사과를 막는 벽

● 무엇이 잘못을 사과하려는 마음을 막을까요?

4. 왜 사과를 해야 하나?

● 사과를 해야 하는 이유를 적어 봅시다.

5. 사과를 여는 문

● 사과를 하게 해 주는 것이 무엇인지 적어 봅시다.

6. 사과의 방법

● 잘못된 사과 방법에는 어떤 것들이 있을까요?

1	
2	
3	

● 사과를 잘하는 방법에는 어떤 것들이 있을까요?

1	
2	
3	
4	
5	
6	

● 다음과 같은 상황에서는 어떻게 사과를 하는 것이 적절할까요?

상황	사과 방법
아이가 길에서 공놀이를 하다가, 상점에 진열해 놓은 과일들이 무너져 상했다.	
아무도 없는 줄 알고 친구와 다른 친구의 흉을 봤는데, 바로 옆 회의실에서 그 친구가 이야기를 다 듣고 말았다. 근거 없이 비난하는 이야기도 포함되어 있었다.	

5 용서

7. 용서란?

● 용서는 지은 죄나 잘못한 일에 대하여 꾸짖거나 (   )하지 않고 (   )주는 것이다.

● '용서'를 가리키는 히브리, 그리스어 단어 3가지가 있습니다.

용어	뜻
'하말'(히브리어)	가엾게 여기다, 불쌍히 여기다, 아끼다
'아폴뤼오'(헬라어)	놓아 주다, 가게 하다, 풀어 주다, 보내 버리다
'카리조마이'(헬라어)	아무런 이유도 없이 허락하다

● '용서'는 (   )기간이 지난 (   )처럼 깨끗이 잊어버리는 것

8. 용서의 사람들

● 다음은 대표적인 용서의 인물들입니다. 이들의 용서 사례를 정리하여 적어 봅시다.

인물	어떤 사람을 어떻게 용서했는가
윤성여	
손양원	
김대중	
박대성(화백)	
만델라	
윌리엄 캐리	
코리텐붐	
링컨	
스데반	
요셉 (애굽 총리)	

● 내가 만일 윤성여 씨처럼 32년간 억울한 옥살이를 하고 풀려난다면 어떻게 할 것인지 이야기를 나눠 봅시다.

학습자료 1

9. 용서를 막는 벽

● 무엇이 용서를 하려는 우리 마음을 막을까요?

● 분노는 우리에게 어떤 영향을 줄까요? 성경의 교훈을 찾아봅시다.

"노하기를 속히 하는 자는 (   ) 일을 행하고, 악한 계교를 꾀하는 자는 미움을 받느니라." (잠언 14:17)

"분을 쉽게 내는 자는 (   )을 일으켜도, 노하기를 더디 하는 자는 (   )를 그치게 하느니라." (잠언 15:18)

"노하기를 더디 하는 것이 사람의 (   )요, 허물을 용서하는 것이 자기의 (   )이니라." (잠언 19:11)

10. 왜 용서를 해야 하나?

● 우리가 우리에게 잘못한 사람을 용서해야 하는 이유를 생각해 적어 봅시다.

1	
2	
3	
4	
5	

● (　　　　　)는 인간의 것, (　　　　　)는 하나님의 것 –A. 포프

● 우리가 원수를 사랑할 만한 성자인지는 모른다. 그러나 적어도 우리 자신의 건강과 행복을 위하여 (　　　　　)를 용서하고 잊어버리기로 하자. 그것이 바로 '현명'인 것이다. –A. 카네기

● (　　　　　)의 허물은 마땅히 용서할 것이로되, (　　　　　)의 허물은 용서치 못할 것이요, 나의 곤욕(困辱)은 마땅히 참을 것이로되, 남의 곤욕은 참지 못할지니라.

● 마음에 깊은 상처를 입었을 때 상대를 용서하지 않으면 우리는 줄곧 거기에 (　　　　　) 살게 된다. –앨란 파톤

● 그대 자신을 제외하고 모든 사람을 (　　　　　)하라(Pardon all but thyself). –영국 속담

● 남의 잘못에 대해 관용하라. 오늘 저지른 남의 잘못은 (   )의 내 잘못이었던 것을 생각하라. 잘못이 없는 사람은 하나도 없다. 정의만으로 재판을 한다면, 우리 중 단 한 사람이라도 (   )을 받지 못할 것이다. -셰익스피어

● 용서함은 좋은 일이다. 그러나 (   ) 건 더 좋은 일이다. -E. B. 브라우닝

● 그대에게 잘못을 저지른 사람이 있거든, 그가 누구이든 그것을 잊어버리고 용서하라. 그때 그대는 용서한다는 (   )을 알 것이다. 우리에게는 남을 책망할 수 있는 (   )가 없다. -톨스토이

● '눈은 눈으로, 이는 이로 갚아라' 하고 말한 것을 너희는 들었다. 그러나 나는 너희에게 말한다. 악한 사람에게 맞서지 말라. 누가 네 오른쪽 (   )을 치거든, 왼쪽 (   )마저 돌려 대어라. 너를 걸어 고소하여 네 속옷을 가지려는 사람에게는, (   )까지도 내주어라. -마태복음 5:38-40

● 원한을 품는 것은 다른 사람에게 던지려고 뜨거운 (   )을 손에 쥐고 있는 것과 마찬가지이다. 화상을 입는 것은 결국 자기 자신이다. -석가모니

● 용서는 상대를 위한 것이 아니라 (   )를 위한 것이다.

● 용서해야 (   )에서 벗어날 수 있다.

● 용서하지 않으면 나도 (   ) 없다.

● 용서는 잘못을 잊어버리는 (   )이 아니며, 타인에게 베푸는 (   )도 아니다. 타인의 잘못으로부터 내가 자유로워지고자 하는 정신적 (   )이다.

● 결정은 우리 손에 달려 있다. 용서가 우연히 일어나는 경우는 없다. 우선 용서하겠다는 결심이 있어야 하는 것이다. 용서해야 한다는 의무감 때문에 용서하지는 않는다. 용서는 강요될 수 없는 행위이기 때문이다. 선택은 당신의 자유다. 용서를 선택함으로써, (   )를 해방시켜 (   )를 치유할 수 있는 것이다. -프레드 러스킨

11. 용서를 여는 문

● 무엇이 나에게 잘못한 사람을 용서하게 만들까요?

12. 용서의 방법

● 다른 사람이 내게 잘못을 했을 때, 내가 할 수 있는 방법에는 어떤 것들이 있을까요? 그때 기대되는 효과나 역기능은?

구분	맞대응, 사과 요구	미움(증오)	잊어버림, 무시	이해, 용서
기대 효과, 역기능				

● 다른 사람이 내게 저지른 자신의 잘못에 대해 사과를 해 올 때, 내가 할 수 있는 방법에는 어떤 것들이 있을까요? 그때 기대되는 효과나 역기능은?

구분	거절	복수	수락(화해)
기대 효과, 역기능			

● 다른 사람이 내게 잘못을 해 놓고도 사과를 하지 않는 경우, 내가 할 수 있는 방법에는 어떤 것들이 있을까요? 그때 기대되는 효과나 역기능은?

구분	복수	미움(증오)	잊어버림, 무시	이해, 용서
기대 효과, 역기능				

● 진정한 사랑, 용서

어떤 사람이 아들에게 말했다. "이웃집에 가서 낫을 좀 빌려오너라."

잠시 후 아들이 빈손으로 돌아왔다. "왜 그냥 오느냐?", "예, 빌려주지 않던데요." 거절당한 것이다.

그런데 며칠 뒤에 그 집에서 호미를 빌리러 왔다. 아버지는 아들에게 호미를 빌려주라고 했다. 그랬더니 아들이 항의를 했다. "아니, 아버지! 그들은 우리에게 빌려주지 않았는데 우리는 왜 그들에게 빌려줍니까?"

아버지는 아들에게 이렇게 말했다. "그 집에서 빌려주지 않았다고 해서 우리도 빌려주지 않으면 그것은 '복수'하는 것이다. 그 집에서 빌려주지 않았지만 그래도 우리는 빌려준다는 마음으로 빌려주면 그것은 '증오'라는 것이다. 그 집에서 빌려주었든지 빌려주지 않았든지 지난 것은 잊어버리고 지금 그 집에서 필요하니까 빌려주는 것이 '용서'이다."[1]

● 영화 〈밀양〉의 줄거리를 살펴보고 이야기에 나오는 '사과'와 '용서'에 대한 나의 생각을 적어 봅시다.

줄거리	신애는 납치범에게 아들을 잃고 고통 가운데 만난 예수님을 통해 그 고통을 이겨 낸다. 아들을 잃은 슬픔이 치유된 듯했지만, 교도소에서 아들의 살해자를 만나는 순간 그 마음이 무너져 내린다. 하나님으로부터 이미 용서를 받았노라며 온화한 미소로 대답하는 원수의 모습. 원수도 사랑하라 하시는 예수님의 말씀대로 원수를 용서하러 어렵게 교도소에 갔는데 그가 이미 용서를 받았다니……. "내가 용서하지 않았는데, 누가 나를 대신해서 용서를 했냐"며 신애는 절규한다.
내 생각	

1) https://www.facebook.com/100000629448429/posts/3182828965081387/

- (   )를 재해석하라. (   )를 재정리하라. (   )를 확장하라.
  대응하면 복수의 악순환이 온다.
  복수는 (   )를 변화시키지 못하지만, 용서는 (   )를 확장한다.

- 게슈탈트 법칙은 무엇인가요?

게슈탈트 법칙

13. 나의 사과와 용서

● 사과와 용서는 상대방을 위한 일이 아니라 (   )를 위한 일이며, 과거에 대한 일이 아니라 (   )에 대한 일이다.

● 아는 것이 힘이 아니라, (   )는 것이 힘이다.

● 나의 실천 원칙

나의 사과 원칙 (이런 경우 나는 사과한다)	나의 용서 원칙 (이런 경우 나는 용서한다)

● 지금 내가 사과해야 할 사람, 내가 용서해야 할 사람

내가 사과해야 할 사람 (어떻게 사과할 것인가?)	내가 용서해야 할 사람	
	사과를 해 온다면?	사과를 안 해 온다면?

6 피드백 데이

수업 후 진단-나의 감사 상태는?

다음 질문에 해당되는 답에 표시를 한 후 합산을 해 봅시다.
① 전혀 그렇지 않다 ② 그런 편이다 ③ 보통이다 ④ 그렇다 ⑤ 매우 그렇다

그룹	질문	체크 ①	②	③	④	⑤
A	1. 나는 늘 감사하면서 살고 있고, 그렇게 살고 싶다.					
	2. 나는 하루에 10회 이상 "고맙다"는 말을 하면서 산다.					
	3. 나는 감사가 삶에 왜 유익한지 설명할 수 있다.					
	4. 나는 무엇이 감사를 막는지 잘 알고 있고, 그것을 늘 경계한다.					
	5. 나는 감사는 마음먹기 나름이라고 생각한다.					
	6. 나는 감사거리를 찾아내는 방법을 알고 있으며, 지금 당장 고마운 일 10가지 정도를 생각해 낼 수 있다.					
	7. 나는 내가 이미 많은 것을 받아 누리고 있으며, 그것을 다른 사람과 나눠야 한다고 생각한다.					
	8. 나는 고마운 일을 기억하기 위해 매일 일기를 쓰고 있다.					
	9. 나는 고마운 일이 있을 때 고마운 사람에게 어떻게든 감사를 표현한다.					
	10. 나는 다른 사람으로부터 신세를 질 경우 언젠가 갚아야 한다고 생각한다.					
	계					
B	1. 나는 남에게 배려하면서 살고 싶다.					
	2. 나는 왜 다른 사람에게 배려하며 살아야 하는지 설명할 수 있다.					
	3. 나는 다른 사람을 위해 내가 연 문의 손잡이를 다음 사람에게 건네준다.					
	4. 나는 다른 사람과 소통할 때 상대방이 쉽게 이해할 수 있게 표현한다.					
	5. 나는 다른 사람으로부터 하루에 5번 정도는 "고맙다"는 말을 듣는다.					
	6. 나는 다른 사람을 칭찬, 격려, 위로, 공감하려고 노력하며 그렇게 할 때마다 기쁨을 느낀다.					
	7. 나는 최근 6개월 안에 어려운 사람을 도와준 경험이 있다.					
	8. 나는 공동체를 위해 절전이나 절수, 쓰레기 분리 배출을 철저히 한다.					
	9. 나는 누군가의 편리를 위해 내가 불편을 감수하곤 한다.					
	10. 나는 다른 사람에게 폐를 끼치지 않으려 공중도덕과 질서를 잘 지킨다.					
	계					

	1. 나는 주변 사람들과 화목하게 살고 싶고, 그렇게 살아가고 있다.				
	2. 나는 다른 사람에게 잘못할 경우 사과하고, 다른 사람의 잘못을 관용하며 살려고 노력한다.				
	3. 나는 왜 사과를 하고, 왜 용서를 하며 살아야 하는지 설명할 수 있다.				
	4. 나는 무엇이 사과와 용서를 막는지 알고 있다.				
	5. 나는 내가 잘못할 경우 어떻게 사과하고 용서를 받아야 하는지 방법을 알고 있다.				
C	6. 나는 내가 최근에 사과한 사람의 이름을 3개 정도 생각해 낼 수 있다.				
	7. 나는 최근 내게 사과한 사람을 관용한 경우를 3개 정도 생각해 낼 수 있다.				
	8. 나는 다른 사람이 내게 잘못을 하더라도, 차분하게 합리적으로 문제를 해결하는 편이다.				
	9. 나는 내게 다른 사람에게 잘못한 경우 가급적 빠른 시간 안에 사과하고 관계를 회복하는 편이다.				
	10. 나는 내 주변에서 일어나는 불합리한 일에 대해, 직접적인 관련이 없어도 외면하지 않고 참여하여 문제를 해결하려고 애를 쓴다.				
계					

학습자료 1

해설

1) 각 그룹의 내용은 다음과 같습니다.

  (1) A그룹－나는 얼마나 감사하며 사는가?

  (2) B그룹－나는 얼마나 배려하며 사는가?

  (3) C그룹－나는 얼마나 주위 사람들과 화목하게 사는가?

2) 수업 전후 진단 결과를 비교해 봅시다. 어느 그룹이 나아졌는지 살펴봅시다.

그룹	수업 전 진단 점수	수업 후 진단 점수	결과 비교
A 감사			
B 배려			
C 사과, 용서			

3) 앞으로 어느 부분을 어떻게 개선해 나가야 할까요?

주차별 성찰 일기장

• • •

매일 하루를 성찰하며 1가지씩(일주일에 7개) 적어 봅시다.

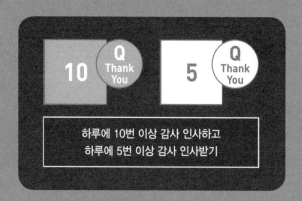

하루에 10번 이상 감사 인사하고
하루에 5번 이상 감사 인사받기

제1주		
1) **고마운 일**	(1) 고마운 사람은?	
	(2) 어떤 점이 고마운가?	
	(3) 고마움을 어떻게 표현했나?	
	(4) 상대방 반응은?	
2) **고마운 일**	(1) 고마운 사람은?	
	(2) 어떤 점이 고마운가?	
	(3) 고마움을 어떻게 표현했나?	
	(4) 상대방 반응은?	
3) **고마운 일**	(1) 고마운 사람은?	
	(2) 어떤 점이 고마운가?	
	(3) 고마움을 어떻게 표현했나?	
	(4) 상대방 반응은?	
4) **고마운 일**	(1) 고마운 사람은?	
	(2) 어떤 점이 고마운가?	
	(3) 고마움을 어떻게 표현했나?	
	(4) 상대방 반응은?	

5) **내가 받은 감사**	(1) 누구로부터 받았나?	
	(2) 어떤 일로 고마워했나?	
	(3) 상대방이 어떻게 표현했나?	
	(4) 내 기분은?	
	(5) 나는 어떻게 반응했나?	
6) **내가 베푼 칭찬,** **인정, 격려,** **위로, 배려,** **사과, 용서**	(1) 어떤 상황에서?	
	(2) 누구에게?	
	(3) 어떤 내용으로?	
	(4) 상대방의 반응은?	
	(5) 내 기분은?	
7) **내가 베푼 칭찬,** **인정, 격려,** **위로, 배려,** **사과, 용서**	(1) 어떤 상황에서?	
	(2) 누구에게?	
	(3) 어떤 내용으로?	
	(4) 상대방의 반응은?	
	(5) 내 기분은?	

학습자료 2

제2주		
8) 고마운 일	(1) 고마운 사람은?	
	(2) 어떤 점이 고마운가?	
	(3) 고마움을 어떻게 표현했나?	
	(4) 상대방 반응은?	
9) 고마운 일	(1) 고마운 사람은?	
	(2) 어떤 점이 고마운가?	
	(3) 고마움을 어떻게 표현했나?	
	(4) 상대방 반응은?	
10) 고마운 일	(1) 고마운 사람은?	
	(2) 어떤 점이 고마운가?	
	(3) 고마움을 어떻게 표현했나?	
	(4) 상대방 반응은?	
11) 고마운 일	(1) 고마운 사람은?	
	(2) 어떤 점이 고마운가?	
	(3) 고마움을 어떻게 표현했나?	
	(4) 상대방 반응은?	

12) **내가 받은 감사**	(1) 누구로부터 받았나?	
	(2) 어떤 일로 고마워했나?	
	(3) 상대방이 어떻게 표현했나?	
	(4) 내 기분은?	
	(5) 나는 어떻게 반응했나?	
13) **내가 베푼 칭찬,** **인정, 격려,** **위로, 배려,** **사과, 용서**	(1) 어떤 상황에서?	
	(2) 누구에게?	
	(3) 어떤 내용으로?	
	(4) 상대방의 반응은?	
	(5) 내 기분은?	
14) **내가 베푼 칭찬,** **인정, 격려,** **위로, 배려,** **사과, 용서**	(1) 어떤 상황에서?	
	(2) 누구에게?	
	(3) 어떤 내용으로?	
	(4) 상대방의 반응은?	
	(5) 내 기분은?	

학습자료 2

제3주		
15) 고마운 일	(1) 고마운 사람은?	
	(2) 어떤 점이 고마운가?	
	(3) 고마움을 어떻게 표현했나?	
	(4) 상대방 반응은?	
16) 고마운 일	(1) 고마운 사람은?	
	(2) 어떤 점이 고마운가?	
	(3) 고마움을 어떻게 표현했나?	
	(4) 상대방 반응은?	
17) 고마운 일	(1) 고마운 사람은?	
	(2) 어떤 점이 고마운가?	
	(3) 고마움을 어떻게 표현했나?	
	(4) 상대방 반응은?	
18) 고마운 일	(1) 고마운 사람은?	
	(2) 어떤 점이 고마운가?	
	(3) 고마움을 어떻게 표현했나?	
	(4) 상대방 반응은?	

	(1) 누구로부터 받았나?	
19) **내가 받은 감사**	(2) 어떤 일로 고마워했나?	
	(3) 상대방이 어떻게 표현했나?	
	(4) 내 기분은?	
	(5) 나는 어떻게 반응했나?	
20) **내가 베푼 칭찬,** **인정, 격려,** **위로, 배려,** **사과, 용서**	(1) 어떤 상황에서?	
	(2) 누구에게?	
	(3) 어떤 내용으로?	
	(4) 상대방의 반응은?	
	(5) 내 기분은?	
21) **내가 베푼 칭찬,** **인정, 격려,** **위로, 배려,** **사과, 용서**	(1) 어떤 상황에서?	
	(2) 누구에게?	
	(3) 어떤 내용으로?	
	(4) 상대방의 반응은?	
	(5) 내 기분은?	

학습자료 2

제4주		
22) 고마운 일	(1) 고마운 사람은?	
	(2) 어떤 점이 고마운가?	
	(3) 고마움을 어떻게 표현했나?	
	(4) 상대방 반응은?	
23) 고마운 일	(1) 고마운 사람은?	
	(2) 어떤 점이 고마운가?	
	(3) 고마움을 어떻게 표현했나?	
	(4) 상대방 반응은?	
24) 고마운 일	(1) 고마운 사람은?	
	(2) 어떤 점이 고마운가?	
	(3) 고마움을 어떻게 표현했나?	
	(4) 상대방 반응은?	
25) 고마운 일	(1) 고마운 사람은?	
	(2) 어떤 점이 고마운가?	
	(3) 고마움을 어떻게 표현했나?	
	(4) 상대방 반응은?	

26) 내가 받은 감사	(1) 누구로부터 받았나?	
	(2) 어떤 일로 고마워했나?	
	(3) 상대방이 어떻게 표현했나?	
	(4) 내 기분은?	
	(5) 나는 어떻게 반응했나?	
27) 내가 베푼 칭찬, 인정, 격려, 위로, 배려, 사과, 용서	(1) 어떤 상황에서?	
	(2) 누구에게?	
	(3) 어떤 내용으로?	
	(4) 상대방의 반응은?	
	(5) 내 기분은?	
28) 내가 베푼 칭찬, 인정, 격려, 위로, 배려, 사과, 용서	(1) 어떤 상황에서?	
	(2) 누구에게?	
	(3) 어떤 내용으로?	
	(4) 상대방의 반응은?	
	(5) 내 기분은?	

학습자료 2

제5주		
29) **고마운 일**	(1) 고마운 사람은?	
	(2) 어떤 점이 고마운가?	
	(3) 고마움을 어떻게 표현했나?	
	(4) 상대방 반응은?	
30) **고마운 일**	(1) 고마운 사람은?	
	(2) 어떤 점이 고마운가?	
	(3) 고마움을 어떻게 표현했나?	
	(4) 상대방 반응은?	
31) **고마운 일**	(1) 고마운 사람은?	
	(2) 어떤 점이 고마운가?	
	(3) 고마움을 어떻게 표현했나?	
	(4) 상대방 반응은?	
32) **고마운 일**	(1) 고마운 사람은?	
	(2) 어떤 점이 고마운가?	
	(3) 고마움을 어떻게 표현했나?	
	(4) 상대방 반응은?	

33) **내가 받은 감사**	(1) 누구로부터 받았나?	
	(2) 어떤 일로 고마워했나?	
	(3) 상대방이 어떻게 표현했나?	
	(4) 내 기분은?	
	(5) 나는 어떻게 반응했나?	
34) **내가 베푼 칭찬,** **인정, 격려,** **위로, 배려,** **사과, 용서**	(1) 어떤 상황에서?	
	(2) 누구에게?	
	(3) 어떤 내용으로?	
	(4) 상대방의 반응은?	
	(5) 내 기분은?	
35) **내가 베푼 칭찬,** **인정, 격려,** **위로, 배려,** **사과, 용서**	(1) 어떤 상황에서?	
	(2) 누구에게?	
	(3) 어떤 내용으로?	
	(4) 상대방의 반응은?	
	(5) 내 기분은?	

학습자료 2

제6주		
36) 고마운 일	(1) 고마운 사람은?	
	(2) 어떤 점이 고마운가?	
	(3) 고마움을 어떻게 표현했나?	
	(4) 상대방 반응은?	
37) 고마운 일	(1) 고마운 사람은?	
	(2) 어떤 점이 고마운가?	
	(3) 고마움을 어떻게 표현했나?	
	(4) 상대방 반응은?	
38) 고마운 일	(1) 고마운 사람은?	
	(2) 어떤 점이 고마운가?	
	(3) 고마움을 어떻게 표현했나?	
	(4) 상대방 반응은?	
39) 고마운 일	(1) 고마운 사람은?	
	(2) 어떤 점이 고마운가?	
	(3) 고마움을 어떻게 표현했나?	
	(4) 상대방 반응은?	

40) 내가 받은 감사	(1) 누구로부터 받았나?	
	(2) 어떤 일로 고마워했나?	
	(3) 상대방이 어떻게 표현했나?	
	(4) 내 기분은?	
	(5) 나는 어떻게 반응했나?	
41) 내가 베푼 칭찬, 인정, 격려, 위로, 배려, 사과, 용서	(1) 어떤 상황에서?	
	(2) 누구에게?	
	(3) 어떤 내용으로?	
	(4) 상대방의 반응은?	
	(5) 내 기분은?	
42) 내가 베푼 칭찬, 인정, 격려, 위로, 배려, 사과, 용서	(1) 어떤 상황에서?	
	(2) 누구에게?	
	(3) 어떤 내용으로?	
	(4) 상대방의 반응은?	
	(5) 내 기분은?	

학습자료 2

제7주		
43) 고마운 일	(1) 고마운 사람은?	
	(2) 어떤 점이 고마운가?	
	(3) 고마움을 어떻게 표현했나?	
	(4) 상대방 반응은?	
44) 고마운 일	(1) 고마운 사람은?	
	(2) 어떤 점이 고마운가?	
	(3) 고마움을 어떻게 표현했나?	
	(4) 상대방 반응은?	
45) 고마운 일	(1) 고마운 사람은?	
	(2) 어떤 점이 고마운가?	
	(3) 고마움을 어떻게 표현했나?	
	(4) 상대방 반응은?	
46) 고마운 일	(1) 고마운 사람은?	
	(2) 어떤 점이 고마운가?	
	(3) 고마움을 어떻게 표현했나?	
	(4) 상대방 반응은?	

47) **내가 받은 감사**	(1) 누구로부터 받았나?	
	(2) 어떤 일로 고마워했나?	
	(3) 상대방이 어떻게 표현했나?	
	(4) 내 기분은?	
	(5) 나는 어떻게 반응했나?	
48) **내가 베푼 칭찬,** **인정, 격려,** **위로, 배려,** **사과, 용서**	(1) 어떤 상황에서?	
	(2) 누구에게?	
	(3) 어떤 내용으로?	
	(4) 상대방의 반응은?	
	(5) 내 기분은?	
49) **내가 베푼 칭찬,** **인정, 격려,** **위로, 배려,** **사과, 용서**	(1) 어떤 상황에서?	
	(2) 누구에게?	
	(3) 어떤 내용으로?	
	(4) 상대방의 반응은?	
	(5) 내 기분은?	

학습자료 2

제8주		
50) **고마운 일**	(1) 고마운 사람은?	
	(2) 어떤 점이 고마운가?	
	(3) 고마움을 어떻게 표현했나?	
	(4) 상대방 반응은?	
51) **고마운 일**	(1) 고마운 사람은?	
	(2) 어떤 점이 고마운가?	
	(3) 고마움을 어떻게 표현했나?	
	(4) 상대방 반응은?	
52) **고마운 일**	(1) 고마운 사람은?	
	(2) 어떤 점이 고마운가?	
	(3) 고마움을 어떻게 표현했나?	
	(4) 상대방 반응은?	
53) **고마운 일**	(1) 고마운 사람은?	
	(2) 어떤 점이 고마운가?	
	(3) 고마움을 어떻게 표현했나?	
	(4) 상대방 반응은?	

54) **내가 받은 감사**	(1) 누구로부터 받았나?	
	(2) 어떤 일로 고마워했나?	
	(3) 상대방이 어떻게 표현했나?	
	(4) 내 기분은?	
	(5) 나는 어떻게 반응했나?	
55) **내가 베푼 칭찬,** **인정, 격려,** **위로, 배려,** **사과, 용서**	(1) 어떤 상황에서?	
	(2) 누구에게?	
	(3) 어떤 내용으로?	
	(4) 상대방의 반응은?	
	(5) 내 기분은?	
56) **내가 베푼 칭찬,** **인정, 격려,** **위로, 배려,** **사과, 용서**	(1) 어떤 상황에서?	
	(2) 누구에게?	
	(3) 어떤 내용으로?	
	(4) 상대방의 반응은?	
	(5) 내 기분은?	

제9주		
57) **고마운 일**	(1) 고마운 사람은?	
	(2) 어떤 점이 고마운가?	
	(3) 고마움을 어떻게 표현했나?	
	(4) 상대방 반응은?	
58) **고마운 일**	(1) 고마운 사람은?	
	(2) 어떤 점이 고마운가?	
	(3) 고마움을 어떻게 표현했나?	
	(4) 상대방 반응은?	
59) **고마운 일**	(1) 고마운 사람은?	
	(2) 어떤 점이 고마운가?	
	(3) 고마움을 어떻게 표현했나?	
	(4) 상대방 반응은?	
60) **고마운 일**	(1) 고마운 사람은?	
	(2) 어떤 점이 고마운가?	
	(3) 고마움을 어떻게 표현했나?	
	(4) 상대방 반응은?	

61) **내가 받은 감사**	(1) 누구로부터 받았나?	
	(2) 어떤 일로 고마워했나?	
	(3) 상대방이 어떻게 표현했나?	
	(4) 내 기분은?	
	(5) 나는 어떻게 반응했나?	
62) **내가 베푼 칭찬,** **인정, 격려,** **위로, 배려,** **사과, 용서**	(1) 어떤 상황에서?	
	(2) 누구에게?	
	(3) 어떤 내용으로?	
	(4) 상대방의 반응은?	
	(5) 내 기분은?	
63) **내가 베푼 칭찬,** **인정, 격려,** **위로, 배려,** **사과, 용서**	(1) 어떤 상황에서?	
	(2) 누구에게?	
	(3) 어떤 내용으로?	
	(4) 상대방의 반응은?	
	(5) 내 기분은?	

학습자료 2

제10주		
64) 고마운 일	(1) 고마운 사람은?	
	(2) 어떤 점이 고마운가?	
	(3) 고마움을 어떻게 표현했나?	
	(4) 상대방 반응은?	
65) 고마운 일	(1) 고마운 사람은?	
	(2) 어떤 점이 고마운가?	
	(3) 고마움을 어떻게 표현했나?	
	(4) 상대방 반응은?	
66) 고마운 일	(1) 고마운 사람은?	
	(2) 어떤 점이 고마운가?	
	(3) 고마움을 어떻게 표현했나?	
	(4) 상대방 반응은?	
67) 고마운 일	(1) 고마운 사람은?	
	(2) 어떤 점이 고마운가?	
	(3) 고마움을 어떻게 표현했나?	
	(4) 상대방 반응은?	

68) **내가 받은 감사**	(1) 누구로부터 받았나?	
	(2) 어떤 일로 고마워했나?	
	(3) 상대방이 어떻게 표현했나?	
	(4) 내 기분은?	
	(5) 나는 어떻게 반응했나?	
69) **내가 베푼 칭찬,** **인정, 격려,** **위로, 배려,** **사과, 용서**	(1) 어떤 상황에서?	
	(2) 누구에게?	
	(3) 어떤 내용으로?	
	(4) 상대방의 반응은?	
	(5) 내 기분은?	
70) **내가 베푼 칭찬,** **인정, 격려,** **위로, 배려,** **사과, 용서**	(1) 어떤 상황에서?	
	(2) 누구에게?	
	(3) 어떤 내용으로?	
	(4) 상대방의 반응은?	
	(5) 내 기분은?	

학습자료 2

제11주		
71) **고마운 일**	(1) 고마운 사람은?	
	(2) 어떤 점이 고마운가?	
	(3) 고마움을 어떻게 표현했나?	
	(4) 상대방 반응은?	
72) **고마운 일**	(1) 고마운 사람은?	
	(2) 어떤 점이 고마운가?	
	(3) 고마움을 어떻게 표현했나?	
	(4) 상대방 반응은?	
73) **고마운 일**	(1) 고마운 사람은?	
	(2) 어떤 점이 고마운가?	
	(3) 고마움을 어떻게 표현했나?	
	(4) 상대방 반응은?	
74) **고마운 일**	(1) 고마운 사람은?	
	(2) 어떤 점이 고마운가?	
	(3) 고마움을 어떻게 표현했나?	
	(4) 상대방 반응은?	

75) **내가 받은 감사**	(1) 누구로부터 받았나?	
	(2) 어떤 일로 고마워했나?	
	(3) 상대방이 어떻게 표현했나?	
	(4) 내 기분은?	
	(5) 나는 어떻게 반응했나?	
76) **내가 베푼 칭찬,** **인정, 격려,** **위로, 배려,** **사과, 용서**	(1) 어떤 상황에서?	
	(2) 누구에게?	
	(3) 어떤 내용으로?	
	(4) 상대방의 반응은?	
	(5) 내 기분은?	
77) **내가 베푼 칭찬,** **인정, 격려,** **위로, 배려,** **사과, 용서**	(1) 어떤 상황에서?	
	(2) 누구에게?	
	(3) 어떤 내용으로?	
	(4) 상대방의 반응은?	
	(5) 내 기분은?	

학습자료 2

제12주		
78) **고마운 일**	(1) 고마운 사람은?	
	(2) 어떤 점이 고마운가?	
	(3) 고마움을 어떻게 표현했나?	
	(4) 상대방 반응은?	
79) **고마운 일**	(1) 고마운 사람은?	
	(2) 어떤 점이 고마운가?	
	(3) 고마움을 어떻게 표현했나?	
	(4) 상대방 반응은?	
80) **고마운 일**	(1) 고마운 사람은?	
	(2) 어떤 점이 고마운가?	
	(3) 고마움을 어떻게 표현했나?	
	(4) 상대방 반응은?	
81) **고마운 일**	(1) 고마운 사람은?	
	(2) 어떤 점이 고마운가?	
	(3) 고마움을 어떻게 표현했나?	
	(4) 상대방 반응은?	

82) **내가 받은 감사**	(1) 누구로부터 받았나?	
	(2) 어떤 일로 고마워했나?	
	(3) 상대방이 어떻게 표현했나?	
	(4) 내 기분은?	
	(5) 나는 어떻게 반응했나?	
83) **내가 베푼 칭찬,** **인정, 격려,** **위로, 배려,** **사과, 용서**	(1) 어떤 상황에서?	
	(2) 누구에게?	
	(3) 어떤 내용으로?	
	(4) 상대방의 반응은?	
	(5) 내 기분은?	
84) **내가 베푼 칭찬,** **인정, 격려,** **위로, 배려,** **사과, 용서**	(1) 어떤 상황에서?	
	(2) 누구에게?	
	(3) 어떤 내용으로?	
	(4) 상대방의 반응은?	
	(5) 내 기분은?	

학습자료 2

제13주		
85) 고마운 일	(1) 고마운 사람은?	
	(2) 어떤 점이 고마운가?	
	(3) 고마움을 어떻게 표현했나?	
	(4) 상대방 반응은?	
86) 고마운 일	(1) 고마운 사람은?	
	(2) 어떤 점이 고마운가?	
	(3) 고마움을 어떻게 표현했나?	
	(4) 상대방 반응은?	
87) 고마운 일	(1) 고마운 사람은?	
	(2) 어떤 점이 고마운가?	
	(3) 고마움을 어떻게 표현했나?	
	(4) 상대방 반응은?	
88) 고마운 일	(1) 고마운 사람은?	
	(2) 어떤 점이 고마운가?	
	(3) 고마움을 어떻게 표현했나?	
	(4) 상대방 반응은?	

89) **내가 받은 감사**	(1) 누구로부터 받았나?	
	(2) 어떤 일로 고마워했나?	
	(3) 상대방이 어떻게 표현했나?	
	(4) 내 기분은?	
	(5) 나는 어떻게 반응했나?	
90) **내가 베푼 칭찬,** **인정, 격려,** **위로, 배려,** **사과, 용서**	(1) 어떤 상황에서?	
	(2) 누구에게?	
	(3) 어떤 내용으로?	
	(4) 상대방의 반응은?	
	(5) 내 기분은?	
91) **내가 베푼 칭찬,** **인정, 격려,** **위로, 배려,** **사과, 용서**	(1) 어떤 상황에서?	
	(2) 누구에게?	
	(3) 어떤 내용으로?	
	(4) 상대방의 반응은?	
	(5) 내 기분은?	

학습자료 2

제14주		
92) **고마운 일**	(1) 고마운 사람은?	
	(2) 어떤 점이 고마운가?	
	(3) 고마움을 어떻게 표현했나?	
	(4) 상대방 반응은?	
93) **고마운 일**	(1) 고마운 사람은?	
	(2) 어떤 점이 고마운가?	
	(3) 고마움을 어떻게 표현했나?	
	(4) 상대방 반응은?	
94) **고마운 일**	(1) 고마운 사람은?	
	(2) 어떤 점이 고마운가?	
	(3) 고마움을 어떻게 표현했나?	
	(4) 상대방 반응은?	
95) **고마운 일**	(1) 고마운 사람은?	
	(2) 어떤 점이 고마운가?	
	(3) 고마움을 어떻게 표현했나?	
	(4) 상대방 반응은?	

96) **내가 받은 감사**	(1) 누구로부터 받았나?	
	(2) 어떤 일로 고마워했나?	
	(3) 상대방이 어떻게 표현했나?	
	(4) 내 기분은?	
	(5) 나는 어떻게 반응했나?	
97) **내가 베푼 칭찬,** **인정, 격려,** **위로, 배려,** **사과, 용서**	(1) 어떤 상황에서?	
	(2) 누구에게?	
	(3) 어떤 내용으로?	
	(4) 상대방의 반응은?	
	(5) 내 기분은?	
98) **내가 베푼 칭찬,** **인정, 격려,** **위로, 배려,** **사과, 용서**	(1) 어떤 상황에서?	
	(2) 누구에게?	
	(3) 어떤 내용으로?	
	(4) 상대방의 반응은?	
	(5) 내 기분은?	

학습자료 2

제15주		
99) 고마운 일	(1) 고마운 사람은?	
	(2) 어떤 점이 고마운가?	
	(3) 고마움을 어떻게 표현했나?	
	(4) 상대방 반응은?	
100) 고마운 일	(1) 고마운 사람은?	
	(2) 어떤 점이 고마운가?	
	(3) 고마움을 어떻게 표현했나?	
	(4) 상대방 반응은?	
101) 고마운 일	(1) 고마운 사람은?	
	(2) 어떤 점이 고마운가?	
	(3) 고마움을 어떻게 표현했나?	
	(4) 상대방 반응은?	
102) 고마운 일	(1) 고마운 사람은?	
	(2) 어떤 점이 고마운가?	
	(3) 고마움을 어떻게 표현했나?	
	(4) 상대방 반응은?	

103) **내가 받은 감사**	(1) 누구로부터 받았나?	
	(2) 어떤 일로 고마워했나?	
	(3) 상대방이 어떻게 표현했나?	
	(4) 내 기분은?	
	(5) 나는 어떻게 반응했나?	
104) **내가 베푼 칭찬,** **인정, 격려,** **위로, 배려,** **사과, 용서**	(1) 어떤 상황에서?	
	(2) 누구에게?	
	(3) 어떤 내용으로?	
	(4) 상대방의 반응은?	
	(5) 내 기분은?	
105) **내가 베푼 칭찬,** **인정, 격려,** **위로, 배려,** **사과, 용서**	(1) 어떤 상황에서?	
	(2) 누구에게?	
	(3) 어떤 내용으로?	
	(4) 상대방의 반응은?	
	(5) 내 기분은?	

학습자료 2

학습자료
3

'감사'를 말하다

• • •

감사, 배려, 사과, 용서에 관한 명언, 칼럼들입니다.

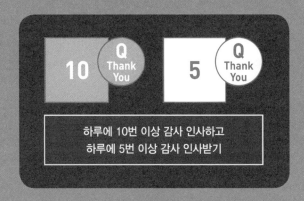

10 Q Thank You   5 Q Thank You

하루에 10번 이상 감사 인사하고
하루에 5번 이상 감사 인사받기

● "행복하기 때문에 감사하는 것이 아니라 감사하기 때문에 행복한 것이다."

○ "감사는 훌륭한 수양의 결과이다. 천박한 사람들에게서는 찾을 수 없는 것이다." -새뮤얼 존슨

○ "특정한 고통들은 특정한 감사들을 요구한다." -벤 존슨

○ "빵이 몸을 기본적으로 유지시켜 삶을 지탱해 주듯이, 마찬가지로 감사는 영혼의 양식이다." -프리실라 웨인

○ "비교하지 말자! 어떤 것도 비교하지 말자! 우리는 다른 사람보다 더 나은 삶을 동경하려고 여행을 다니는 것이 아니기 때문이다." -파울로 코엘료

○ "잠깐 멈춰 자신에게 주어진 감사함을 생각해 보는 순간 당신의 감정시스템은 두려움에서 탈출해 좋은 상태로 이동한다. 이는 마치 승리에 도취된 감정을 느낄 때와 유사한 감정의 선순환을 만든다." -마이클 맥클로우, 마이애미 대학교 교수

○ "고마워하라. 감사하는 태도를 연마하라. 고마움은 주어진 환경보다 자신의 태도에 의해 좌우된다. 가지지 못한 것에 대한 아쉬운 마음이 들 때마다 지금 가지고 있는 것에 대해 신에게 감사하라." -짐 스티븐스

○ "우리는 과거의 불행은 빼놓지 않고 헤아리면서 다가온 축복은 무심히 받아들인다." -중국 속담

○ "감사하는 마음을 지니면 갑자기 세상 사람들이 당신의 친구이자 가족이 된다." -존 디마티니

○ "나는 감사할 줄은 모르는데 행복한 사람을 한 번도 보지 못했다." -지그 지글러

○ "행복은 바로 감사하는 마음이다." -조셉 우드 크루치

○ "감사하는 마음이 곧 풍요로운 마음이고 감사하는 마음이 곧 행복해지는 비결이다." -여울

○ "세상에서 가장 지혜로운 사람은 배우는 사람. 세상에서 가장 행복한 사람은 감사하며 사는 사람" -탈무드

○ "감사할 줄 모르는 자를 벌할 법은 없다. 감사할 줄 모르는 삶 자체가 벌이기 때문이다." -라이피 콥스

○ "풍족함은 편한 것이지만 감사할 줄 모르게 하고, 부족함은 불편한 것이지만 무엇에겐가 감사하게 만든다." -세르반테스

○ "감사는 예의 중 가장 아름다운 형태이다." -마르탱

○ "인류의 첫 번째 범죄는 고마움의 결핍에서 비롯된 것이었다." -쉐퍼

○ "행복과 풍요로운 인생은 '감사합니다'라고 하는 간단한 말로 시작하며, 그때부터 인생은 가 볼 만한 여행이 된다." -린다 캐플런 텔러

○ "감사하는 마음은 다른 사람을 향한 감정이 아니라, 자기 자신의 평화를 위한 감정이다. 감사하는 행위, 그것은 벽에다 던지는 공처럼 언제나 자기 자신에게로 돌아온다." -이어령

○ "그 사람이 얼마나 행복한가는 감사의 깊이에 달려 있다." -존 밀러

○ "신이 거하시는 곳이 두 곳이 있는데 하나는 천국이요, 다른 하나는 감사하는 마음이다." -아이작 월튼

○ "배은망덕은 자연스러운 들풀 같아서 가꾸지 않아도 무성하지만, 감사는 장미와 같아서 물을 주며 곱게 기르고 사랑해야만 자란다." -카네기

○ "인생에서 가장 중요한 것 중 하나는 좋은 스승, 좋은 친구, 좋은 사람을 많이 만나는 것인데 이는 정직과 감사로부터 온다." -다케우치 히토시

○ "감사한 것들에 대한 일기를 써라. 매일 밤 고마운 일 5가지를 적어라. 삶에 대한 새로운 희망을 갖게 될 것이다." -오프라 윈프리

○ "감사하는 사람들은 인생의 힘들고 비통한 기억 속에서도 기뻐하는 법을 배운다." -헨리 나우웬

○ "감사라는 보석을 지닌 사람은 누더기를 걸치고 있어도 행복하다." -매튜 헨리

○ "우리 몸에서 분비되는 엔도르핀은 암을 치료하고 통증을 해소하는 효과가 있다. 엔도르핀은 기쁘고 즐거울 때 솟아난다. 한편, 엔도르핀의 4,000배 효과가 있는 다이돌핀은 우리가 감사할 때, 감동받을 때 솟아난다. 우리 몸에서 강력한 항암효과를 내는 다이돌핀이 솟아나길 원한다면 감사하며 살아야 한다." -탈 벤 샤하르, 하버드 대학교 교수

○ "행복이라는 감정이 유전적인 영향을 받는 것을 부인할 수는 없다. 하지만 후천적인 노력으로도 얼마든지 계발이 가능하다. 행복을 계발할 수 있는 수많은 방법 중 하나가 바로 감사하는 것이다. 감사하는 마음을 가지면 행복해진다." -마틴 셀리그만, 펜실베이니아 대학교 교수

○ "자신의 축복을 세며 감사하는 사람들이 삶에 더 큰 만족감을 경험한다. 이를 실생활에 적용하고 싶다면 감사일기를 써라." -소냐 류보머스키, 캘리포니아 대학교 교수

○ "감사하는 마음은 수면의 질을 개선한다. 숙면을 취하고 싶으면 양을 세기보다는 자신이 받은 은혜를 세는 것이 좋다. 또한 우리의 실험에 따르면 감사를 습관화한 학생은 그렇지 않은 학생보다 연봉을 2만 5,000달러 더 받았고, 감사를 습관화한 사람은 그렇지 않은 사람보다 평균 수명이 9년이나 길었다." -로버트 에먼스, 캘리포니아 대학교 교수

세상에서 가장 행복한 사람

어느 호떡 장사

남편의 사업 실패로 갑자기 생활이 어려워진 여인이 생계를 위해 거리에 나가 호떡을 만들어 팔게 되었다. 어린 삼 남매를 먹여 살리기 위해 혹독한 추위와 싸우며 호떡을 팔던 어느 날, 그 옆을 지나던 한 노신사가 다가와 물었다.

"아주머니, 호떡 하나에 얼마입니까?"

"1,000원이에요."

노신사는 지갑에서 1,000원짜리 지폐 한 장을 꺼내 과부에게 건네주고는 그냥 가버렸다.

"아니, 호떡 갖고 가셔야죠?" 과부가 말하자, 노신사는 빙그레 웃으며 "아뇨, 괜찮습니다"라며 그냥 가 버렸다. 여인은 "참 이상한 사람도 다 있구나" 하고 생각하고 지나쳤다.

그런데 그 다음날 노신사는 또 와서 1,000원을 놓고는 그냥 갔다. 그 다음날도, 또 그 다음날도……. 계절이 여러 번 바뀌고 함박눈이 소복히 쌓이던 어느 겨울 저녁, 그날도 노신사는 어김없이 찾아와 빙그레 웃으며 1,000원을 놓고 갔다. 그때 호떡을 만들던 그 여인이 중대결심이라도 한 듯 노신사를 따라갔다. 그러고는 조심스럽게 그를 불렀다.

"저, 드릴 말씀이……."

노신사가 걸음을 멈추고 돌아서서 그 여인을 바라보자, 여인이 수줍은 듯 말했다.

"저, 다름이 아니라, 그 사이에 호떡 값이 올랐거든요.

감사하는 마음은 이처럼 시간이 지나면서 점점 무디어지고 녹이 슬기 마련이다.

감사는……

우리의 삶에서 감사란 무엇일까? 필자가 잘 아는 어느 교수가 학생들과 감사를 하나의 단어로 정의해 봤는데 참 흥미롭다. △ 감사는 아메리카노이다－매일 아침 마시는 아메리카노처럼 매일 아침 꼭 해야 하는 행복한 습관이기 때문에. △ 감사는 아이들의 웃음소리이다－아이들의 웃음소리와 고맙다는 소리는 듣는 사람을 행복하게 해 주니까. △ 감사는 뒤뜰에 묻혀 있는 보물이다－캐야 하니까. △ 감사는 목욕이다－삶의 때를 씻어 주고 기분 좋게 만들어 주니까. △ 감사는 밀알이다－그냥 두면 딱딱하지만 씹고 우물거리다 보면 부드러워지고 말랑해지므로. △ 감사는 전도사이다－이걸 알고 나면 주변에 계속 전하고 싶어지니까. 감사란 이런 것이다.

행복하게 살고 싶으면 감사하며 살라!

과학자들은 감사하는 사람과 그렇지 않은 사람을 비교하며 행복하게 살고 싶으면 감사하며 살라고 권한다. 미국 경제매거진 『아이앤씨닷컴』의 작가 제시카 스틸먼은 불평이나 불만을 늘어놓는 사람과 함께 있으면 정신적으로나 육체적인 건강에 부정적인 영향을 미친다고 조언한다.

짜증을 낼 것 같은 사람과 함께 있으면 사람은 정신적으로 불필요한 에너지를 사용하게 된다. 심장병 전문의 신시아 타이크 박사는 "이때는 고혈압과 스트레스, 불안, 두통 그리고 혈액순환이 악화하는 형태로 당신의 신체는 대가를 내게 된다. 비록 5분이라도 분노를 느낄 수 있는 스트레스가 모여, 6시간 동안 면역체계를 손상해 버리는 연구결과가 있다"면서 "이런 건강문제는 머지않아 심장 질환과 뇌졸중 등 심각한 건강 상태로 이어진다"고 설명한다.

부정적인 생각을 하는 사람과 함께 있는 시간이 길면 길수록 같은 사람이 돼 갈 것을 경고하는 연구결과나 사례는 수없이 많다. 심리학자 일레인 해트필드 박사는 많은 시간을 함께 보내는 사람들은 표정과 몸짓, 심지어 어조까지 서로 비슷해진다고 말한다. 그리고 거기에 그치지 않고 상대방의 정신 상태까지 닮아 버린다고 한다. 사람은 감정 이입을 하는 존재이기 때문이다. 부정적인 생각은 전염된다는 것이다. 오래 살고 싶으면 불평불만을 많이 하는 사람과는 거리를 두는 게 좋다.

그리스의 법학자 라이피 콥스는 부정적인 사고가 얼마나 무서운지를 이렇게 말해 준다. "감사할 줄 모르는 사람에게 벌 주는 법을 따로 만들지 않은 까닭은, 감사할 줄 모르는 것 자체가 스스로에게 가장 큰 형벌이기 때문이다."

감사하는 사람이 7년 더 산다

1998년 미국 듀크 대학교 병원의 해롤드 쾨니히와 데이비드 라슨 두 의사는, 매일 감사하며 사는 사람들은 그렇지 않은 사람들보다 평균 7년을 더 오래 산다는 사실을 밝혀냈다. 존 헨리 박사는 "감사는 최고의 항암제요, 해독제요, 방부제이다"라고 했다. 감기약보다 더 대단한 효능을 가진 것이 감사이다. 우리가 기뻐하며 감사하면 우리 신체의 면역체계를 강화시켜 준다. 사람이 1분간 기뻐하여 웃고 감사하면 신체에 24시간의 면역체가 생기고, 1분간 화를 내면 6시간 동안의 면역체계가 떨어진다고 한다. 그러므로 매일 기뻐하고 감사하며 살면 몸과 마음의 건강을 잘 유지할 수가 있다.

탈무드는 "세상에서 가장 사랑받는 사람은 모든 사람을 칭찬하는 사람이요, 가장 행복한 사람은 감사하는 사람이다"라고 말한다. 아인슈타인은 "세상을 사는 방법에는 두 가지가 있는데, 하나는 기적이란 없다고 믿고 사는 것, 또 하나는 모든 것이 기적이라고 믿으며 사는 것"이라며, 자신은 그중 후자, 즉 "모든 것이 기적이라고 믿으며 사는 삶을 선택하기로 했다"고 말한 바 있다.

스펄전은 "불행할 때 감사하면 불행이 끝이 나고, 형통할 때 감사하면 형통이 다시 찾아온다"고 했다. 로버트 슐러는 "하루에도 수백만 가지의 기적이 일어나지만, 그 기적을 기적으로 믿는 사람에게만 기적이 된다"고 했다. 맞다. 하루에도 수백만 가지의 감사한 일이 일어나지만 그 감사한 일을 감사한 일로 믿는 사람에게만 감사한 일이 된다. 이처럼 인생을 성공적으로 산 이들은 한결같이 감사가 기쁨을 낳고, 기적을 낳고, 또 다른 감사를 낳는다고 고백하고 있다.

감사로 들어가는 4가지 긍정의 문

감사는 긍정이라는 문을 통해야 만나는 보물이다. 미국 대륙을 횡단하는 열차가 달리고 있었다. 그런데 높은 산맥을 오르다가 그만 엔진 하나가 고장이 났다. 기관사는 다른 엔진으로 열차를 계속 몰았다. 그런데 산 중턱에서 그 엔진마저 꺼지고 말았다. 중간에서 오도 가도 못하게 된 것이다.

기관사는 이런 상황을 승객들에게 알리기로 했다. 기관사는 마이크를 잡고 방송을 시작했다. "승객 여러분! 두 가지 소식을 알려 드리겠습니다. 하나는 나쁜 소식이고, 다른 하나는 좋은 소식입니다." 승객들은 불안해하는 마음으로 방송에 귀를 기울였다. "먼저, 나쁜 소식은 우리 열차를 끄는 기관차의 엔진 두 개가 모두 고장이 났다는 것입니다." 승객들은 탄식을 하며 걱정을 하기 시작했다. "그러나 기쁜 소식이 있습니다. 그것은 지금 우리가 타고 있는 것이 비행기가 아니라 기차라는 사실입니다. 만일 비행기를 타고 계셨더라면 우리 모두는 살아남지 못했을 겁니다. 지금 우리 모두는 무사합니다. 빠른 시간 내에 복구하겠습니다. 불편하시더라도 참고 기다려 주실 거죠?" 기관사의 설명에 승객들은 불안감을 떨치고 박수로 화답했다.

긍정적인 생각이야말로 감사로 향하는 관문이다. 긍정은 감사의 씨앗이다. 긍정적인 사람에게는 몇 가지 특징이 있다.

첫째, 자신을 긍정적으로 대한다. 두 다리를 잃은 에이미 멀린스는 아침마다 12개의 다리(보조다리) 중 하나를 고르는 즐거운 고민을 한다고 고백한다. 그런 반면에 우리나라에서는 매일 고속버스 한 대의 탑승객만큼 자살을 한다. 자신을 남들과 비교하기 때문이다. 데일 카네기는 "나는 신발이 없음을 한탄했는데 거리에서 발이 없는 사람을 만났다"고 했다. 엘리자베스 여왕은 "남들이 나를 어떻게 생각하느냐보다 내가 나를 어떻게 생각하느냐가 더 중요하다"고 했다. 남들과 나를 비교하는 것만큼 어리석은 것도 없다. 중요한 건 남들의 시선이 아니라 나의 시선이다. "I am OK!" 나를 긍정적으로 대하자.

둘째, 다른 사람을 긍정적으로 대한다. 상대방을 향한 긍정심은 다른 말로 존중심이다. 다른 사람을 존중하는 사람은 다른 사람을 보면 그냥 지나치지 않고 "반갑습니다!"라고 인사를 한다. 또 "미안합니다!", "고맙습니다!", "잘했습니다!"라며 다른 사람에게 사과도 하고 감사도 하고 응원도 할 줄 안다. "You are OK!" 다른 사람을 긍정적으로 대하자.

셋째, 현재 당면하고 있는 상황을 긍정적으로 대한다. 성공 확률 50%인 일과 실패 확률 50%인 일 중 어느 것을 선택할 것인가? 어느 부대 전투 중에 부하가 지휘관에서 급하게 보고를 했다. "장군님, 지금 우리는 적군에게 완전히 포위되었습니다!" 그 보고를 받은 장군은 이같이 말했다. "그래, 우리는 완전히 포위됐다. 그러나 이제 전투는 간단해졌다. 이제 우리는 모든 방향으로 공격할 수 있다!" 당면하고 있는 상황을 긍정적으로 바라볼 수 있어야 극복할 수 있다. '고질병'은 '고칠병'으로, '힘들다'는 '힘 들어온다'로, '짜증난다'는 '짜증 나간다'로 인식을 바꿔 보자. 당면하고 있는 상황을 긍정적으로 대하자.

넷째, 지금 하고 있는 일을 긍정적으로 여긴다. 일 잘하는 사람, 공부 잘하는 사람, 고스톱 잘 치는 사람들에게는 목표가 명확하고 그것을 즐긴다는 공통점이 있다. 어떤 일을 어떻게 할 것인지는 내가 결정할 수 없다. 그러나 그 일을 어떻게 할 것인지는 내가 결정할 수 있다. 에디슨은 "나는 단 하루도 열심히 일한 적이 없다. 나는 늘 일을 즐겼다"고 했다. 지금 하고 있는 일을 긍정적으로 대하자.

감사 근육 훈련하기

나, 남, 상황, 일을 긍정적으로 바라보게 될 때 우리는 '감사'라는 보물을 찾을 수 있다. 영어의 '생각하다(think)'와 '감사하다(thank)'는 같은 어원에서 나왔다. "우리 모두는 누군가의 평생소원을 100개 이상 갖고 있다"는 말처럼 우리는 생각해 봄으로써 감사거리를 찾아낼 수 있다. 감사거리는 관찰력이라는 근육이 찾아낸다. 근육은 사용하지 않으면 퇴화되고 만다. 긍정적인 관찰력을 회복시키려면 연습이 필요하다.

긍정적인 관찰력을 회복하는 가장 좋은 방법은 감사일기나 감사편지를 써 보는 것이다. 매일 내 삶 속에서 감사거리를 찾아 적어 보자. 처음에는 찾아내기가 쉽지 않지만 시간이 지날수록 점점 더 많은 감사거리를 찾아낼 수 있게 된다. 요즘엔 스마트폰에 감사일기 앱도 있으니 꼭 시도해 볼 것을 권한다. 감사편지는 평소 가장 자주 접하는 사람에게 감사한 마음을 적어 보내는 것이다. 배우자, 자녀에게 고마운 것 50가지, 또는 100가지를 적어 편지로 전하는 방법이다. 감사편지는 관계를 더 개선해 주는 힘이 있어 많은 이가 활용하고 있다.

감사일기 1단계는 누군가로부터 받은 것을 찾아 적어 보는 것이다. 2단계는 내가 누군가에게 베푼 것을 적어 보는 것이다. 말하자면 누군가의 감사일기에 등장할 수 있게 다른 사람을 배려해 보는 것이다. 3단계는 보다 많은 사람이 감사하도록 상황을 바꿔 주는 것이다. 제도를 바꾸고, 환경을 바꿔 줌으로써 공익을 추구하는 것이다. 감사일기를 쓴 다음에는 가까운 사람들과 사연을 나눠 보는 것도 좋다.

감사의 장애물들

그러나 감사에는 몇 가지 장애물이 있다. 첫째는 후회. 과거에 대한 후회는 습관적이어서 감사하는 마음을 지워 버린다. 지난 일은 후회의 대상이 아니라 반성의 대상이다. 후회하지 말고 반성하라. 둘째는 내일에 대한 염려. 불확실한 미래에 대한 염려나 걱정으로 미래를 바꿀 수는 없다. 걱정이나 염려로 시간을 낭비하지 말고 철저하게 미래를 준비하라. 셋째는 다른 사람과의 비교. 다른 사람과 나를 비교하지 말고 어제의 나와 오늘의 나를 비교하라. 넷째는 지나친 욕심. 욕심은 불안과 불만을 품게 하는 주범이다. 분수에 맞는 목표가 감사를 남긴다. 다섯째는 망각. 고마운 일을 잊지 않고 기억하기 위해 일기를 쓰는 것이다. 감사를 잊지 말고 기억해야 새로운 감사거리가 생긴다. 잃은 건 잊어버리고 잃지 않은 건 기억하고 감사하라.

글/이의용

감사맹에서 벗어나자

1. 현재의 일뿐만 아니라, 과거의 일에서도 감사할 일이 없는지 찾아보자.

인생은 하루살이가 아니다. 어제, 오늘, 내일이 있다. 어제가 오늘을 이루고, 오늘이 내일을 이룬다. 빵 하나를 들고 이런 생각을 해 봐야 한다. 밀알을 심고 가꾼 농부의 땀, 밀을 자라고 익게 한 태양과 토양, 그것으로 빵을 구운 손길 등.

그렇게 오늘의 나를 생각해 본다면, 지나간 우리 인생에는 감사거리가 얼마나 많이 묻어 있겠는가.

2. 눈에 보이는 것뿐만 아니라, 눈을 감고 기억에 떠오르는 감사거리도 찾아보자.

눈을 뜨고 있으면 현실만 보이지만, 가만히 눈을 감고 있으면 지나간 일들이 떠오른다. 직장생활을 시작할 때 난 두 가지를 결심했다. 하나는 '회사에서 절대로 잘리지 말자', 다른 하나는 '1년에 책을 한 권씩 써 보자!'

눈을 감고 생각해 보면 27년 반의 직장생활에서, 난 두 가지 모두를 이뤘다. 내가 사표를 써 내고도 반 년 가까이 월급이 들어왔으니 내가 회사를 자른 게 분명하다. 27년 반 일하고 그만둘 때 28권째 저서를 펴내고 나왔으니 그 목표도 이뤘다. 이 책이 50권째이니 그 목표는 지금도 계속 이뤄지고 있다. '일반 은총'이 아니라 '특별 은총'이다. 눈을 감으면 감사거리가 떠오른다.

3. 당연히 감사할 것들('그러니까 감사')만이 아니라, 짜증을 내거나 불만스러워해야 할 일 가운데 역발상하여 감사할 것('그럼에도 감사')은 없는지 찾아보자.

직장생활을 한 지 얼마 되지 않아, 난 5~6명의 후배와 잡지 편집팀을 이끌었다. 정말 열심히 했다. 그런데 어느 날 외근을 하고 돌아와 보니, 방이 텅 비어 있었다. 내 책상 위에 하얀 편지봉투가 보였다. 편지를 꺼내 읽었다. 결론은, 일 중심의 내 독재형 리더십을 사람 중심의 위임형으로 바꿔 달라는 내용이었다. 전원이 서명을 했다. 다리에 힘이 풀리고 가슴이 뛰고 앞이 캄캄해졌다. 이 일을 어떻게 수습해야 할지 밤새도록 고민했다.

다음날 아침, 나는 팀원들에게 나의 미숙함을 진심으로 사과하고, 앞으로 리더십을 바꿔 나가겠다고 약속했다. 그러나 내 리더십은 이미 추락했고, 이러한 사건이 다른 팀에 알려질까 봐 염려도 됐다.

우선, 리더십 책을 여러 권 사다 틈틈이 읽으며, 내 리더십을 성찰해 보기로 했다. 공감되는 내용, 내가 깨달은 점을 노트에 일련번호를 매겨 가며 적어 나갔다. 그리고 그것들을 조금씩 적용해 봤다. 팀원들은 나의 진솔한 변화를 인정해 줬고, 나는 팀원들과 다시 좋은 관계를 회복할 수 있었다.

그 당시 아픈 사건이었지만, 지금 반추해 보면 여러 감사거리가 떠오른다. 첫째, 직장생활 초기에 문제점을 지적해 준 팀원들이 고맙다. 덕분에 잘못된 리더십을 일찍 고칠 수 있었다. 둘째, 그 사건을 다른 팀에 소문내지 않은 팀원들이 고맙다. 그 일이 소문났더라면 회사 다니기가 얼마나 힘들었을까……. 셋째, 그 일로 나는 리더십과 소통을 보다 깊이 생각하게 되었고, 지금은 리더십과 소통을 가르치는 사람이 되었다. 또한 위임의 기쁨도 깨닫게 되었고, 학생 주도의 수업을 즐기게 됐다. 넷째, 그때 메모한 것들이 책으로 출간되었다. 출판사에 근무하는 후배의 간청으로. 『좋은 리더가 되는 212가지 노하우』란 책인데, 참 많이 팔렸다.

4. 내게 다가온 일을 가장 좋은 일과 비교하지 말고, 최악의 일(죽음)과 비교해 보자.

필자는 가정 사정으로 고등학교를 제대로 다니지 못했다. 앞이 캄캄했던 청소년기에 나는 이런 글을 읽은 적이 있다. "내가 내 아이의 출생신고를 하고 있을 때, 바로 옆의 어떤 남자는 눈물을 글썽이며 어제 죽은 아이의 사망신고를 하고 있었다." 정말 견디기 힘든 시기였지만, 나는 그 장면을 떠올리며 열심히 살았다. 현재 상황을 무엇에 비교하느냐가 중요하다. 그때 어려움을 극복한 경험은 박사학위 몇 개와도 바꿀 수 없는 나의 저력이다.

5. '나'에게 고마운 일만 찾지 말고, '우리'나 '남', 공동체에 고마운 일도 찾아보자.

「김영란법」이 시행되면서 많은 이가 불편을 호소하며 불만과 우려를 드러냈다. 이 법은 많은 이에게 실제로 불편함을 준다. 그렇지만 이런저런 청탁을 받아야 하는 사람들에게 '자유함'을 준다. 당장 나에게 좋은 일만이 감사거리가 될 수는 없다. 이 시대를 함께 살아가는 공동체 전체에게 좋은 일이라면 그건 고마운 일이다.

6. 다른 사람의 현재 모습과 나를 비교하지 말고, 어제의 나와 현재의 나를 비교하자.

신혼 초 가난하게 출발한 우리는 주인집과 화장실을 함께 써야 했다. 얼마나 불편했는지 모른다. 그다음에 우린 화장실이 있는 집으로 옮겨 갔다. 비록 전세지만. 그다음에는 화장실이 두 개 있는 집으로. 지금은 화장실이 세 개나 되는 집에서 살고 있다. 내 집에 화장실 개수를 늘려 가는 것이 과연 성공적인 삶인지…….

상대평가의 가장 큰 폐단은 다른 사람과 나를 끊임없이 비교하게 한다는 점이다. 상대평가에서 승자는 단 한 사람뿐이다. 상대평가는 모두를 패자로 만들고, 상대방의 강점과 자신의 약점을 비교하게 만든다. 내가 필요해서가 아니라 남이 갖고 있기에 나도 그걸 가져야 하는 조급하고 불안한 삶을 만든다.

우리 사회는 아이나 어른이나 일종의 '비교병'에 걸려 있다. 남과 나를 비교하지 말자. 그 대신 내가 어제보다 얼마나 발전했는지를 비교해 보자. 그러한 삶에 감사와 기쁨이 남는다.

7. 새로 주어진 것만 찾지 말고, 이미 주어진 것도 찾아보자.

30년 전쯤 전의 일이다. 어느 잡지사가 원고 청탁을 해 왔다. 주제는 '10년 전에 생각한 나의 직업'. 식구들이 잠든 어느 날 밤 컴퓨터 앞에 앉아 '나는 과연 10년 전에 어떤 직업을 생각했는가?' 회상을 해 봤다. 그러다가 20년 전, 30년 전으로 돌아가 봤다. 그때 내가 꿈꾸고 기도했던 직업은 과연 무엇이었는지 생각하는 대로 종이에 적어 봤다. 7가지 정도 됐다. 꼭 이루면 좋을 직업들이었다.

나는 그중에서 혹시 조금이라도 이뤄진 것은 없는지 확인해 보며 하나씩 지워 나갔다. 그러다가 갑자기 전율을 느껴야 했다. 거의 모두 이미 이뤄져 있었다. 혼자 한참을 울었다. 이미 이뤄진 기도의 응답을 세어 보지 않고 계속 새로운 걸 구하기만 했던 자신이 부끄러웠고 주님께 죄송했다. 그리고 깨달았다. 주님이 좋아하시는 일들은 반드시 이뤄진다는 사실을. 그때부터 나는 "그런즉 너희는 먼저 그의 나라와 그의 의를 구하라 그리하면 이 모든 것을 너희에게 더하시리라"는 마태복음 6장 33절 말씀을 가장 좋아하게 되었다.

8. 내가 원해서 생긴 것만 찾지 말고, 원하지 않았는데도 이미 있는 것도 찾아보자.

'나머지'를 생각해야 감사가 생긴다. 당장 눈앞의 것만 헤아리기보다 어딘가에 숨어 있을 '나머지'를 발견할 때 감사가 넘친다. 이 문이 닫히면 다른 문이 열릴 것이고, 여기에 없으면 다른 곳에 있을 것이다. 당장 그가 내게 아픔을 주었다 해도, 그동안 그가 내게 베푼 더 많은 고마움을 생각해야 한다. 내게 없는 것만 찾지 말고 이미 가진 것을 찾아볼 때 감사가 생긴다.

9. 남에게서 받은 것만 찾지 말고, 내가 남에게 베푼 것도 찾아보자.

필자는 학생들에게 매일 2가지 이상의 감사일기를 쓰게 한다. 학기 말이면 200개 정도를 적어서 제출하는데, 그걸 점검하다 나를 향한 감사 문구를 발견할 때가 있다. 얼마나 기쁜지 모른다.

학생들에게 감사일기를 쓰라고 하면 뭔가 남으로부터 받은 것들을 많이 쓴다. 그런 일기를 나는 '거지 일기'라고 부른다. "당신은 사랑받기 위해 태어난 사람"이란 복음성가가 있다. 가사가 훌륭하지만 여기서 그쳐서는 안 된다. "당신은 사랑하기 위해 태어난 사람"으로 가사가 발전해야 한다.

내가 누군가로부터 뭔가를 얻은 걸 찾는 데에 그치지 말고, 나도 누군가의 감사일기에 등장할 수 있도록 남에게 감사거리를 만들어 주자.

10. 삶에서 찾은 감사거리를 그때그때 적어 보자.

감사는 '당연'을 '은혜'로 여길 때 우리 영혼에 솟는 샘물이다. 은혜가 감사이고, 감사가 은혜다. 하루에도 수천 가지의 감사 사건이 일어나지만, 우리는 그것을 인식하지 못한다. 감사거리가 제대로 보이지 않는다면 '감사맹'이 아닌지 살펴봐야 한다.

그러나 이 장애는 연습과 훈련을 통해 얼마든지 재활이 가능하다. 가장 좋은 방법은 수첩에 그날의 감사한 일들을 적어 보는 것이다.

"불행할 때 감사하면 불행이 끝이 나고, 형통할 때 감사하면 형통이 다시 찾아온다."(스펄전 목사)

"항상 기뻐하라. 쉬지 말고 기도하라. 범사에 감사하라. 이것이 그리스도 예수 안에서 너희를 향하신 하나님의 뜻이니라."(데살로니가전서 5:16-18)

감사맹이 감사거리 찾는 법

1. 현재의 일뿐만 아니라, 과거의 일에서도 감사할 일이 없는지 찾아보자.
2. 눈에 보이는 것뿐만 아니라, 눈을 감고 기억에 떠오르는 감사거리도 찾아보자.
3. 당연히 감사할 것들('그러니까 감사')만이 아니라, 짜증을 내거나 불만스러워해야 할 일 가운데 역발상 하여 감사할 것('그럼에도 감사')은 없는지 찾아보자.
4. 내게 다가온 일을 가장 좋은 일과 비교하지 말고, 최악의 일(죽음)과 비교해 보자.
5. '나'에게 고마운 일만 찾지 말고, '우리'나 '남', 공동체에 고마운 일도 찾아보자.
6. 다른 사람의 현재 모습과 나를 비교하지 말고, 어제의 나와 현재의 나를 비교하자.
7. 새로 주어진 것만 찾지 말고, 이미 주어진 것도 찾아보자.
8. 내가 원해서 생긴 것만 찾지 말고, 원하지 않았는데도 이미 있는 것도 찾아보자.
9. 남에게서 받은 것만 찾지 말고, 내가 남에게 베푼 것도 찾아보자.
10. 삶에서 찾은 감사거리를 그때그때 적어 보자.

출처: 이의용, 『내 인생을 바꾸는 감사일기』

글/이의용

청교도들의 감사

1620년 8월 15일 영국의 102명의 청교도들은 메이플라워호를 타고 플리머스항(港)을 출발해 북아메리카로 향하였다. 그러나 문제가 생겨 다시 돌아왔다가 9월 16일 다시 출항했다. 메이플라워호는 180t, 길이 27.5m, 돛 3개를 가진 작은 배였다. 이 배는 11월 19일에 케이프코드만(灣)을 경유하여 11월 21일 오늘날의 프로빈스타운에 입항하여 선박수리와 보급(補給)을 받은 후, 12월 21일 매사추세츠주(州) 연안에 도착했다.

험한 파도와 싸우며 고생 끝에 미국에 도착한 청교도들은 먼저 감사 찾기에 들어갔다. 그러고는 다음과 같은 7가지를 찾아냈다.

1) 180톤밖에 안 되는 작은 배이지만, 그 배라도 주심을 감사

2) 평균 시속 2마일로 항해했으나 117일간 계속 전진할 수 있었음에 감사

3) 항해 중 두 사람이 죽었으나, 한 아이가 태어났음에 감사

4) 폭풍으로 큰 돛이 부러졌으나, 파선되지 않았음에 감사

5) 여자들 몇 명이 심한 파도 속에 휩쓸렸지만, 모두 구출됨을 감사

6) 인디언들의 방해로 상륙할 곳을 찾지 못해 한 달 동안 바다에서 표류했지만, 결국 호의적인 원주민이 사는 곳에 상륙하게 해 주셔서 감사

7) 고통스러운 3개월 반의 항해 도중, 단 한 명도 돌아가자는 사람이 나오지 않았음에 감사

다른 사람들이 보기에는 감사할 것이 없음에도, 아니 불평거리가 가득했음에도 청교도들은 감사제목을 7가지나 찾아냈다. 이는 정박할 좋은 항구를 찾아낸 것보다 더 위대한 일이다. 우리의 하루, 일생에도 역발상의 눈으로 찾아보면 이러한 감사거리가 수없이 숨어 있을 것이다.

손양원의 감사

'사랑의 원자탄'으로 불리는 손양원 목사는 그의 두 아들이 북한군에게 총살당했다. 하나도 아니고 두 아들이 총살을 당한 부모의 마음이 어땠겠는가? 그러나 그는 아들을 죽인 북한군인을 양아들로 삼고, 장례식에서 하나님께 9가지의 감사기도를 드렸다.

1) 나 같은 죄인의 혈통에서 순교의 자식이 나게 하심을 하나님께 감사합니다.

2) 허다한 많은 성도 중에서 어찌 이런 보배(한센인)를 주께서 하필 내게 맡겨 주셨는지 감사합니다.

3) 3남 3녀 중에서도 가장 아름다운 두 아들 장남과 차남을 바치게 된 나의 축복을 감사드리나이다.

4) 한 아들의 순교도 귀하다 하거든 하물며 두 아들의 순교했으니 감사합니다.

5) 예수 믿다가 자리에 누워 임종하는 것도 큰 복인데, 전도하다가 총살 순교했으니 감사합니다.

6) 미국 가려고 준비하던 내 아들 미국보다 더 좋은 천국 갔으니 내 마음 안심되어 감사합니다.

7) 나의 두 아들을 총살한 원수를 회개시켜 내 아들 삼고자 하는 사랑하는 마음을 주신 하나님께 감사합니다.

8) 두 아들의 순교의 열매로 말미암아 무수한 천국의 아들들이 생길 것이 믿어지니 우리 하나님께 감사합니다.

9) 이 같은 역경 속에서도 하나님의 사랑을 깨닫게 하시고 이길 수 있는 믿음을 주시니 감사합니다. 오, 주여! 나에게 분수에 넘치는 과분한 큰 복을 주신 하나님께 감사와 영광을 돌리옵니다.

사흘만 볼 수 있다면

"첫째 날에는

나는 친절과 겸손과 우정으로 내 삶을 가치 있게 해 준 설리번 선생님을 찾아가 이제껏 손끝으로 만져서만 알던 그녀의 얼굴을 몇 시간이고 물끄러미 바라보면서 그 모습을 내 마음 속에 깊이 간직해 두겠다.

그리고 밖으로 나가 바람에 나풀거리는 아름다운 나무잎과 들꽃들, 또 석양에 빛나는 노을을 보고 싶다."

"둘째 날에는

먼동이 트며 밤이 낮으로 바뀌는 웅장한 기적을 보고 나서 서둘러 박물관을 찾아가 하루 종일 인간이 발전해 온 궤적을 눈으로 확인해 볼 것이다.

그리고 저녁에는 보석같은 밤하늘의 별들을 바라보면서 하루를 마무리하겠다."

"마지막 셋째 날에는

사람들이 일하며 살아가는 모습을 보기 위해 아침 일찍 큰 길에 나가 출근하는 사람들의 얼굴표정을 볼 것이다.

그리고 나서 오페라 하우스와 영화관에 가 공연을 보고 싶다.

그리고 어느덧 저녁이 되면 네온사인이 반짝거리는 쇼윈도에 진열돼 있는 아름다운 물건들을 보면서 집으로 돌아와 나를 이 사흘 동안만이라도 볼 수 있게 해 주신 하나님께 감사의 기도를 드리고 다시 영원히 암흑의 세계로 돌아가겠다."

-헬렌 켈러

고민은 10분을 넘기지 말라

우리가 하는 걱정거리의 40%는 절대 일어나지 않을 것에 대한 것이고

30%는 이미 일어난 사건들,

22%는 사소한 사건들,

4%는 우리가 바꿀 수 없는 것들에 대한 것들이다.

나머지 4% 만이 우리가 대처할 수 있는 진짜 사건이다.

즉, 96%의 걱정거리가 쓸데없는 것이다.

고민이 많다고 해서 한숨 쉬지 마라.

고민은 당신의 영혼을 갉아먹는다.

문제의 핵심을 정확히 파악하고 해결책을 찾아 그대로 실행하라.

해결책이 보이지 않으면 무시하라.

고민하나 안 하나 결과는 똑같지 않은가?

그러므로 고민은 10분만 하라.

잊어버릴 줄 알라.

잊을 줄 아는 것은 기술이라기보다는 행복이다.

사실 가장 잊어버려야 할 일을 우리는 가장 잘 기억한다.

기억은 우리가 그것을 가장 필요로 할 때 비열하게 우리를 떠날 뿐 아니라

우리가 그것을 가장 원하지 않을 때 어리석게도 우리에게 다가온다.

기억은 우리를 고통스럽게 하는 일에 늘 친절하며 우리를 기쁘게 해 줄 일에는 늘 태만하다.

고민은 10분을 넘기지 말라.

– 어니 J . 젤린스키 『느리게 사는 즐거움』 중에서

너무 걱정하지 마라

걱정을 하려면 두 가지만 걱정해라!
지금 아픈가? 안 아픈가?

안 아프면 걱정하지 마라!
아프면 두 가지만 걱정해라!
낫는 병인가? 안 낫는 병인가?

낫는 병이면 걱정하지 마라!
안 낫는 병이면 두 가지만 걱정해라!
죽는 병인가? 안 죽는 병인가?

안 죽는 병이면 걱정하지 마라!
죽는 병이면 두 가지만 걱정해라!
천국에 갈 것 같은가? 지옥에 갈 것 같은가?

천국에 갈 것 같으면 걱정하지 마라!
지옥에 갈 것 같으면…….
지옥 갈 사람이 무슨 걱정이냐?

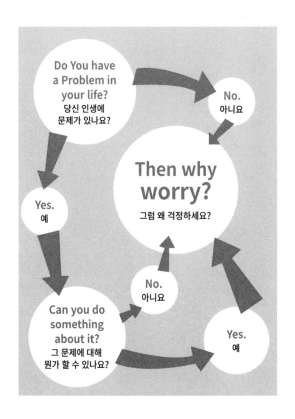

절대 포기하지 마세요

처칠이 명문 옥스퍼드 대학교에서 졸업식 축사를 하게 되었다.
그는 위엄 있는 차림으로 담배를 물고 식장에 나타났다.
그리고 열광적인 환영을 받으며 천천히 모자와 담배를 연단에 내려놓았다.
청중들은 모두 숨을 죽이고 그의 입에서 나올 근사한 축사를 기대했다.
드디어 그가 입을 열었다.

"절대 포기하지 말라(Never give up)!"
그는 힘 있는 목소리로 첫마디를 뗐다.
그러고는 다시 청중들을 천천히 둘러보았다.
청중들은 그의 다음 말을 기다렸다.
그가 말을 이었다.
"절대로, 절대로, 절대로, 절대로, 절대로 포기하지 말라(Never, never, never, never, never give up)!"

처칠은 다시 한번 큰 소리로 이렇게 외쳤다.
"절대 포기하지 말라(Never give up)!"

일곱 번의 "Never give up!"
그것이 축사의 전부였다.

청중은 이 연설에 우레와 같은 박수를 보냈다.

"승리는 누구의 것인가? 답은 냉엄하다. 포기하지 않는 자의 것이다."
"누가 가장 강한 자인가? 포기하지 않는 자다."
"누가 최후의 승자인가? 포기하지 않는 자다."
"누가 궁극에 웃는가? 포기하지 않는 자다."
"누구의 하늘에 무지개가 뜨는가? 결국 포기하지 않는 자에게 무지개가 뜬다.
성공이란 열정을 잃지 않고, 실패를 거듭할 수 있는 능력이다."

―윈스턴 처칠

학습자료 3

'반·미·고·잘'

노인 스피치학원을 운영하는 사람이 있다. 노인에게 스피치학원이라니……. 노인이 되면 말을 하고 싶은데 들어주는 이가 없다. 그런데 스피치 학원에서 말할 기회를 주니 얼마나 좋은가. 3분 스피치 후 피드백으로 코칭을 해 주는데, 서로 먼저 발표를 하려고 경쟁을 벌인다고 한다. 손주에게 옛날 이야기해 주는 법, 젊은이들과 대화하는 법도 가르치는데 반응이 좋다고 한다. 가을에는 가족들 초청해서 발표회도 가질 예정이라고. 여러모로 참 좋은 사업인 것 같다.

말하기에 관심이 늘어나서일까, 아니면 말하기에 부족함을 느껴서일까? 요즘 부쩍 '어떻게 하면 말을 잘할 수 있을까?'라는 질문을 많이 해 온다. 말을 잘한다는 건 꼭 해야 할 말을 상대방이 가장 필요로 할 때 하는 게 아닐까? 뒤집어 말하면, 말을 잘 못하는 사람은 '그 말이 필요한 순간에 그 말을 하지 않는 사람'이다. 그러니 다른 사람들과 관계가 나빠질 수밖에 없다.

말을 잘하고 싶어 하는 사람들에게 나는 '반·미·고·잘'이라는 처방을 내려 준다. "반갑습니다.", "미안합니다", "고맙습니다.", "잘했습니다."의 약자인데 이 네 마디를 적시에 적절히 사용하다 보면, 진짜 말을 잘하는 사람이 될 수 있다.

첫째, "반갑습니다!"

논산의 어느 마을버스 운전기사는 500명 승객의 이름을 다 외고, 타는 사람의 이름을 불러 가며 인사를 나눈다. 군대나 학교에서는 아랫사람이 먼저 인사를 한다. 그래서 먼저 인사하는 걸 꺼리게 된 건 아닐까? 뜻밖에도 인사를 안 나누고 사는 이들이 많다. 길에서, 엘리베이터에서, 심지어 교실에서조차. 인사는 자존심 대결이 아니라 소통의 시작이다. 인사는 타이밍을 놓치면 그다음 말 걸기가 참 쑥스러워진다. 인사는 먼저 본 사람이 먼저 하면 된다. 상대방 이름을 불러 주고 뭔가 좋은 이야기도 한마디 붙여 주면 좋은 인사가 된다. "반갑습니다! 김하나 씨, 오늘 머리 하셨네요?"

둘째, "미안합니다!"

사과는 '때'가 중요하다. 골든타임을 놓치면 사과는 하기가 점점 더 어려워진다. 그것이 쌓여 사람과 사람 사이에 벽이 된다. 사과는 이미 베어 먹은 입 안의 것을 기꺼이 내뱉는 것만큼이나 어려운 일이지만, 두 사람의 관계에 새로운 계기를 마련해 주기도 한다. 그러자면 사과의 내용은 상대방이 원하는 수준을 넘어야 한다. 미안한 정도에 따라 사과의 수준도 유감, 책임, 보상, 뉘우침, 용서 요청 단계로 높아져야 한다. 또 "미안합니다"보다는 "발을 밟아서 미안합니다"처럼 구체적이어야 한다. 같은 잘못을 반복하며 같은 사과를 반복하는 것은 최악이다.

셋째, "고맙습니다!"

누군가에게 뭔가를 베풀었는데 고맙다는 인사를 받지 못하면, 다시는 그 사람에게 그걸 베풀기가 싫어진다. "다시 해 주나 봐라. 고마운 줄도 몰라!" 이런 말을 우리는 얼마나 자주 하며 사는가. 고마울 때에는 때를 놓치지 말고 표현을 해야 한다. 무엇이 구체적으로 고마운지도 함께. 내게 벌어지는 숱한 고마운 일들을 작은 노트에 제목만이라도 기록해 보자. 그리고 감사하자. 감사는 감사를 낳는다.

넷째, "잘했습니다!"

경쟁하고 비교하는 마음에서는 칭찬이나 인정의 말 대신, 비판과 빈정거림만 나온다. 다른 사람이 이룬 크고 작은 성과를 인정해 주는 것이 바로 사랑이다. 칭찬이나 격려는 "참 잘했어요"라는 스탬프처럼 사람을 신나게 해 준다. 지금 옆에 있는 사람의 행동을 잘 관찰해 보자. 그리고 엄지를 펴 보이며 "잘했습니다!" 인정하고 칭찬해 주자.

그러나 조심할 것도 있다. 칭찬은 고래를 춤추게 하지만, 어떤 칭찬은 고래를 짜증나게도 한다. 진심이 담기지 않은 상투적인 칭찬, 사람을 다루려고 하는 칭찬은 반감을 줄 수도 있다. 그리고 칭찬은 공개적으로 하지만, 꾸중은 비공개적으로 하는 것이 좋다. 뜻밖에 하는 칭찬, 물질적 보상이 따르는 칭찬은 사람을 감동시킨다.

글/이의용

배려 천국

'지는 가위바위보'라는 놀이가 있다. 이 놀이는 손가락이 없는 어린 아들과 가위바위보를 하는 아버지가 항상 가위를 내준 데서 연유한다. 아들을 향한 아버지의 배려가 눈물겹다.

내 소통 수업에서는 '암흑산책'이란 걸 한다. 눈 가린 다른 사람을 말로 인도해서 정해진 코스를 돌아오기다. 인도자의 목소리에만 의지해 계단, 나무, 시설물이 있는 길을 눈 가리고 걷기란 정말 무서운 일이다.

가끔 작은 사고도 난다. 인도자의 '왼쪽'이, 눈 가린 사람에게는 '오른쪽'이기 때문이다. 인도자가 "저쪽으로 쭉 가세요!"라지만, 눈 가린 사람은 도무지 알아들을 수가 없다. 상대방 입장에서 생각해야 소통이 되는데 그게 잘 안 된다.

외국인이 혀를 굴려 가며 빨리 말할 때 우리는 퍽 불편하다. 그래서 나는 외국인 유학생들에게 우리말을 천천히 또박또박 짧게 말해 준다.

영국의 소설가 서머싯 몸은 어느 병사가 전장에서 보내온 편지를 받고 감동했다고 한다. "사전 안 찾아보고 읽을 수 있게 책을 써 주셔서 고맙습니다." 나도 글을 쓸 때 독자를 위해 명확하고 간결하고 쉽게 쓰려 애를 쓴다. 필자가 글을 다듬을수록 독자는 그만큼 더 편히 글을 이해할 수 있다.

그런데 우리 헌법 전문은 왜 341개의 글자, 93개의 낱말을 한 문장으로 엮어 놨을까? 배려 빵점이다.

공공장소에 비치된 안내문, 도로 표지판 등 공공 시각물 중에도 표현이 불명확하고 어렵고 복잡한 것들이 많다. 게다가 친절하지 않다. 설득 과정은 생략하고 다짜고짜 협박부터 하니 보는 이들이 짜증이 난다. 이런 거 바로잡는 일 맡겨 주면 무료로 봉사하고 싶다.

추운 겨울날, 김 이병이 찬물로 빨래를 하고 있었다. 그 옆을 지나가던 소대장이 한마디 건넨다. "김 이병, 취사장에 가서 뜨거운 물 좀 얻어다가 하지 그래?" 그 말을 듣고 취사장에 갔지만, 군기 빠졌다고 꾸중만 듣고 돌아왔다. 이번에는 중대장이 소대장과 같은 말만 하고 지나갔다.

그러던 중 선임하사가 지나가다가 말했다. "김 이병, 취사장에 가서 더운물 좀 받아와. 나 세수 좀 하게." 김 이병은 취사장에 가서 선임하사 지시라며 더운물을 받아 왔다. 그러자 선임하사가 말했다. "그 물로 빨래를 해라. 양은 많지 않겠지만 손은 녹일 수 있을 거야."

누군가 나의 필요를 알아차리고 그걸 채워 준다면 얼마나 좋을까?

나는 다른 사람이 강의를 하거나 학생들이 발표를 할 때 열심히 사진을 찍어 준다. 내가 강의할 때 누군가 내 사진을 찍어 주었으면 하는 마음 때문이다. 또 수업 전후에 학생들에게 먼저 인사를 한다. 학생들이 내게 인사를 해 주었으면 하는 마음 때문이다. 외부 출강 시 앞 시간 강의가 늦게 끝나도 나는 제 시각에 강의를 끝내 준다. 수강생과 다음 시간 강사를 위해서다. 결혼식 주례사도 5분을 넘기지 않는다. 하객들을 위해서다.

지금 우리 사회는 힘 가진 이들의 횡포로 많은 약자가 고통을 받고 있다. "무엇이든지 남에게 대접을 받고자 하는 대로 너희도 남을 대접하라"(마 7:12) 말씀을 황금률로 여기는 교회도 예외가 아니다.

장애인에 대한 태도를 보자. 예배당에 휠체어가 들어올 수 있나? 강대상에 휠체어가 오를 수 있나? 점자성경은 비치되어 있나? 예배 중 수화 통역은 하고 있나? 우리나라 인구 중 장애인이 5~10%라는데 우리 교회 교인 중 장애인은 몇 %나 되나?

교회 밖에서는 이미 시각장애인, 한센인, 지체장애인이라 하는데 왜 성경은 여전히 절뚝발이, 절름발이, 소경, 맹인, 벙어리, 귀머거리, 곰배팔이, 앉은뱅이, 문둥병자라고 하는가? 설교 중에도, 기도 중에도 건강이 복임을 강조한다. 그럼 장애나 병은 벌이고 화인가? 그뿐 아니라 '바보', '대머리', '꼽추', '난쟁이', '치매', '암' 등 장애나 병 이름을 쉽게 들먹이기도 한다. 당사자는 얼마나 아플까. 장애인의 90%가 후천성임을 왜 모르나? 배려 빵점이다. 내가 싫은 건 상대방도 싫고, 내가 불편한 건 상대방도 불편하다.

지하철 임산부석 비워 주기, 노약자에게 자리 양보하기, 백팩 안고 버스 타기, 지하철에서 두 발 모으고 앉기, 상대방이 원하지 않는 정보 보내지 않기, 급한 차에게 길 양보하기, 주차 바르게 하기, 뒷사람을 위해 문 잡아 주기, 공공장소에서 조용히 하기, 화장지 다 쓰지 말고 조금 남겨두기, 자동차 깜박이등 켜 주기 등……. 이런 게 배려다.

제발 다른 사람 입장을 좀 생각해 주자. 배려가 넘치는 곳이 바로 천국이다!

글/이의용

그 사람의 감사일기장

나는 종종 학생들로 하여금 부모님께 감사의 문자 메시지를 보내도록 한다. 그리고 먼저 도착한 답글을 읽어 준다. 무응답도 많지만, 답글은 대개 두 가지다. 아주 따뜻한 답글이거나, 읽어 주기 민망한 답글. "미친 x", "점심 잘못 먹었냐?", "네가 웬일이니?", "용돈 떨어졌냐?" 등등. 평소 감사 표현을 해 본 적이 없어서일 것이다. 그러나 그다음 시간에 다시 메시지를 보내면 완전히 다른 답글이 온다.

난 또 학생들에게 매일 감사일기를 쓰게 하고, 수업 때 그걸 동료들과 나누게 한다. 20년 전부터 그리 해 왔는데, 처음에는 어색해하지만 점점 좋아한다. 언제가 1시간 동안 감사일기를 쓰게 했는데 10가지도 못 쓰는 학생이 적지 않았다. 단 한 가지도 쓰지 못하는 학생이 있어 그를 따로 불러 면담을 한 일도 있다.

우리 모두는 누군가의 평생 소원 100개씩은 갖고 산다고 한다. 우리 삶에는 하루에도 수백 가지의 고마운 일들이 쏟아지지만, 그걸 고마운 일로 보는 사람에게만 고마운 일이 된다.

지금 당장 나를, 다른 사람을, 처한 상황을, 하고 있는 일을 잘 관찰해 보자. 거기에 고마운 일이 없는지. 만약 10분 내에 고마운 일 10가지를 찾아 쓰지 못한다면 '감사맹'이라 할 수 있다.

대륙을 횡단하는 열차가 달리고 있었다. 그런데 높은 산을 오르다 엔진 하나가 고장이 났다. 다른 엔진을 가동시켰지만 그마저 중턱에서 꺼지고 말았다.

기관사가 마이크를 잡았다. "승객 여러분! 두 가지 소식이 있습니다. 하나는 나쁜 소식이고, 다른 하나는 좋은 소식입니다." 승객들은 방송에 귀를 기울였다. "먼저, 나쁜 소식은 우리 열차를 끄는 기관차의 엔진 두 개가 모두 고장이 났다는 것입니다." 승객들은 탄식하며 걱정을 했다.

"그러나 좋은 소식이 있습니다. 지금 우리가 타고 있는 것이 기차라는 사실입니다. 만일 비행기였다면 우리 모두는 살아남지 못했을 겁니다. 지금 우리 모두는 무사합니다. 속히 복구하겠습니다!" 승객들은 박수로 화답했다.

염려, 욕심, 후회, 비교, 망각, 불만 같은 것들이 감사맹을 만든다. 특히 짜증을 내는 사람은 함께 있는 사람에게도 고혈압과 스트레스, 불안, 두통, 혈액 순환 악화 등을 전염시킨다고 한다. 오래 살고 싶으면 불평불만을 많이 하는 사람과는 거리를 두는 게 좋다.

그리스의 법학자 라이피 콥스는 "감사할 줄 모르는 사람에게 벌 주는 법을 따로 만들지 않은 까닭은, 감사할 줄 모르는 것 자체가 스스로에게 가장 큰 형벌이기 때문"이라고 했다. 미국 듀크 대학병원의 의사들은, 매일 감사하며 사는 사람들이 그렇지 않은 사람들보다 평균 7년을 더 오래 산다는 사실도 밝혀냈다. 감사는 최고의 항암제요, 해독제요, 방부제라 할 수 있다.

우선, 내 감사일기장은 덮고 내가 어떻게 '그 사람의 감사일기장'에 등장할 것인지 고민해 보자.

글/이의용

사과는 어떻게 해야 하는가

행복한 인간관계를 만들어 주는 '반·미·고·잘'

먼 거리를 가장 빨리 가는 방법은 좋은 사람과 함께 가는 것이다. 우리의 긴 인생도 좋은 사람들과 함께해야 행복하다. 그래서 키르케고르는 사람의 행복 90%는 인간관계에 달려 있다고 했다. 식사도 그렇다. 무엇을 먹느냐보다 누구와 먹느냐가 중요하다. "채소를 먹으며 서로 사랑하는 것이 살진 소를 먹으며 서로 미워하는 것보다 나으니라."(잠언 15:17)

문제는 좋은 사람들을 찾기가 쉽지 않다는 점이다. 따라서 좋은 사람을 만들어 나가고 나도 다른 사람에게 좋은 사람이 되어야 인생이 행복하다. 어떻게 하면 좋은 인간관계를 회복할 수 있을까? 소통과 관계를 만들어 주는 열쇠는 말(言)이다. 다른 사람들과 좋은 관계를 만들어 나가는 네 마디를 추천하고 싶다.

첫째는 "**반갑습니다!**" 세상에는 두 가지 종류의 사람이 있다. 누군가를 만났을 때 반갑게 인사를 하는 사람과 그냥 넘어가는 사람. 누가 주위 사람들과 인간관계가 좋아지겠는가.

둘째는 "**미안합니다!**" 역시 세상에는 두 가지 종류의 사람이 있다. 상대방에게 폐를 끼쳤을 때 사과를 하는 사람과 그냥 넘어가는 사람. 누가 주위 사람들과 인간관계가 좋아지겠는가.

셋째는 "**고맙습니다!**" 역시 세상에는 두 가지 종류의 사람이 있다. 상대방이 사랑을 베풀었을 때 고마움을 표현하는 사람과 그냥 넘어가는 사람. 누가 주위 사람들과 인간관계가 좋아지겠는가.

넷째는 "**잘했습니다!**" 역시 세상에는 두 가지 종류의 사람이 있다. 상대방이 뭔가를 했을 때 잘한 점을 찾아 인정해 주고 격려해 주는 사람과 그냥 넘어가는 사람. 누가 주위 사람들과 인간관계가 좋아지겠는가.

이 네 마디 말 '반·미·고·잘'만 잘하고 살면 주위 사람들과 행복하게 살아갈 수 있다고 생각한다.

관계 회복의 강력 접착제―사과

다른 사람에게 자신의 잘못을 사과하는 건 용기 있는 행동이고 아름다운 일이다. 진정한 사과는 깨진 관계를 회복시켜 주는 강력 접착제가 될 수 있다. 독일과 일본의 전쟁 범행은 모든 인류로부터 용서받기가 어려울 정도로 잔혹했다. 그럼에도 일본은 여전히 사과를 하지도, 용서를 구하지도 않아 우리나라와 중국으로부터 분노를 사고 있다. 결국 외교적으로 계속 냉랭한 관계를 벗어나지 못하고 있다. 반면에 독일은 기회가 있을 때마다 피해자들에게 무릎을 꿇고 사죄함으로써 세계에서 가장 신뢰받는 나라로 변해 가고 있다.

사과의 목적은 화해, 즉 관계의 회복에 있다. 세월호 사고 후 대통령의 사과, 수년 전 있었던 대한항공 오너 가족의 사과 사례는 우리에게 반면교사가 된다. 당사자들에게는 미안하지만 두 사례를 중심으로 사과는 어떻게 해야 하는지 살펴보려 한다.

첫째, **때를 놓치지 말아야 한다.** 사과에도 골든타임이 있다. 가족 간에도 골든타임을 놓치면 관계 회복은 점점 더 힘들어진다. 특히 부부간에는. 그래서 성경은 해 지기 전에 화해할 것을 가르친다. 앞에서 예를 든 이들은 모두 사과할 골든타임을 놓쳤다. 결국 일의 수습을 어렵게 만들고 말았다.

둘째, **당사자에게 직접 해야 한다.** '스리 쿠션' 사과는 의미가 없다. 상대방의 얼굴을 마주하고 자신의 말과 표정과 행동으로 직접 해야 한다. 대통령은 국무위원들 앞에서, 그것도 뒤늦게 사과했고 대한항공 가족들도 당사자에게 제대로 사과하지 않았다. 사과에 실패하면 상대방은 평생의 적이 되기 쉽다.

셋째, **상대방이 원하는 수준에 모자람이 없어야 한다.** 사과는 상대방이 원하는 것 이상 해줘야 한다. 소위 '원금'만 갚아서는 안 되고 '이자'까지 쳐서 갚아야 한다. 남의 창유리를 깼다면 유리는 물론이고 부서진 창살까지 고쳐 줘야 진정한 사과가 된다. 상대방 마음에 부족함을 남겨놓으면 그것은 분노의 앙금으로 남아 훗날 새로운 문제의 불씨가 된다. 저들은 처음부터 화끈하게 사과하지 않고 눈치를 보며 조금씩 뒷걸음을 치다가 화를 점점 더 키우고 있다.

넷째, **물질적으로나 정신적으로 균형을 이뤄야 한다.** 사람은 감정의 동물이다. 사과는 상대방의 마음을 먼저 헤아리고 거기에 맞게 물질적 보상이 따라야 한다. 이 순서가 바뀌거나 하나가 결여되면 사과는 실패한다. 분쟁을 해결해 주는 것은 법이나 돈이 아니라 마음임을 명심해야 한다. 나로 인해 아픔을 당한 이에게 가장 필요한 것은 보상금이 아니라 손잡고 함께 울어 주는 마음이다.

다섯째, **감추지 말고 사실대로 고백해야 한다.** 사과는 사실에 기초해야 한다. 사과 후 양파 껍질처럼 계속 감춘 사실이 드러난다면 그 사과는 진정성을 잃게 되고 불신의 벽을 만들게 된다. 앞에서 예를 든 이들의 경우 안타깝게도 부정한 일이 계속 드러남으로써 일의 수습이 점점 더 어려워지고 있다. 처음부터 진실을 말하고 한꺼번에 매를 맞아야 한다. 그래야 마음의 평안을 얻게 된다.

끝으로, **같은 행동을 반복하지 말아야 한다.** 사과를 하고도 같은 잘못을 반복할 때 우리는 그것을 사과나 반성으로 보지 않는다. 가장 중요한 건 진정성이다. 마음 깊이 후회하고 아파하고 반성하는 마음 없이 위기를 돌파하기 위해 '쇼'를 한다면 사람들은 그걸 믿지 않을 것이다. 안타깝게도 우리나라 정치적, 사회적, 심지어 종교적 책임을 지고 있는 지도자들의 사과하는 태도나 방식을 보면 거의 '일본식'이다.

무엇을 잘못했는지 모를 때, 사과를 하고도 똑같은 일을 반복하게 된다. 우리는 잘못을 저지를 수밖에 없는 불완전한 존재들이다. 그때마다 스스로 마음 아파하고, 또 그로 인해 상처받은 상대방의 마음을 헤아리며 진심으로 사과하고 위로해야 한다.

글/이의용

윌리엄 캐리

윌리엄 캐리는 1792년 영국 침례교 선교사로 파송받아 인도에 가던 날부터 수많은 아픔과 시련이 뒤따랐다. 선교지에 도착한 지 2년 만에 5세 아들을 잃고, 그의 아내는 정신분열증으로 병원에 입원하였다. 그럼에도 그는 인도라는 복음의 불모지에서 뜨거운 열정으로 전도했으나 7년 동안 단 한 사람도 개종시키지 못하였다. 드디어 선교사역 7년 만에 겨우 한 사람에게 세례를 주었을 뿐이다.

그러다가 그는 선교지를 세람포르로 옮겨 거기서 20년의 피땀 섞인 각고 끝에 성경을 인도의 중심 언어인 벵골어로 번역하는 대작업을 완성시켰다. 원고지의 분량이 1만 1천 페이지나 되었다. 1812년 3월 12일 드디어 인도 사람들이 읽을 수 있는 성경 인쇄 작업이 시작되었다. 인쇄기가 윙윙 돌아가는 감격스러운 광경을 보면서 그는 잠시 산책을 나갔다. 그가 잠시 자리를 비운 사이에 종이와 휘발성잉크의 본질을 모르던 인도 사람들이 담배를 피우며 일을 하다가 화재가 발생하고 말았다. 20년간의 모든 수고가 한 줌의 잿더미로 널려지고 말았다. 대형 다국어 사전, 두 권의 문법 책, 완역한 성경원고들이 다 타 버렸다. 지금까지 숱한 고난과 역경을 곧잘 이겨 냈던 그였지만 이번에는 너무나 큰 충격적인 비극을 당면했다.

한참 동안의 적막이 흐른 뒤에 캐리는 그 종이 잿더미 위로 뚜벅뚜벅 걸어가 그 위에 무릎을 꿇고 이렇게 힘차게 기도를 드렸다. "오, 주님! 주님은 저의 20년간의 수고를 거두어 가셨습니다. 여기에는 재만 깔려 있습니다. 하지만 주님! 저에게 20년간의 수고와 노력은 거두어 가셨어도, 다시 번역할 수 있는 믿음과 인내를 거두어 가지 않으심을 감사합니다." 그러고는 옆에 서 있던 동료 선교사들에게 이렇게 선언했다. "틀림없이 하나님께서는 이 좋지 않은 일을 통해서 우리의 유익을 증진시킬 것입니다."

윌리엄 캐리는 다시 일어나 3개의 언어, 즉 벵골어, 산스크리트어, 마라티어로 성경을 완역하는 등 다른 많은 언어와 방언들로 신약성경과 쪽 복음들을 번역 출판했다. 또 그는 Serampore College를 세우고, Fort William College의 동양어학과 교수로 활동하는 등 현대 선교의 선구자가 되었고, 19세기 인도 르네상스의 아버지가 되었다.

"마포대교 무지개 찍으세요" 버스 세운 기사님

연일 폭염에 이따금 호우주의보까지 내리는 여름날이 계속되고 있습니다. 지난 19일 미친 듯이 쏟아졌던 소나기가 지나가자 찾아온 깜짝 손님이 있었는데요. 이날 오후 7시쯤 비 내린 하늘이 개면서 서울 마포구, 영등포구, 관악구 등지에서 볼 수 있었던 쌍무지개입니다.

이 무지개 때문에 버스 운행을 잠시 중단했던 기사님이 한 분 계십니다. 바로 무지개가 쨍 하게 뜬 순간을 담기 위해 열심히 사진을 찍던 승객들을 위해 버스를 잠시 정차해 준 기사님 인데요. 한 온라인 커뮤니티에 사연이 올라오자 누리꾼들은 '동화 같은 이야기'라며 감동을 표 했습니다.

이 사연의 주인공인 서울교통네트웍 160번 버스 운행 사원 강재순 씨는 22일 국민일보와의 통화에서 그날의 이야기를 자세히 들려줬습니다. 강 씨는 "19일 월요일에는 소나기가 진짜 억 수같이 퍼부었다"며, "오후 7시가 넘은 퇴근 시간 마포에서 여의도 방향으로 마포대교를 넘어 가고 있었다"고 당시를 떠올렸습니다.

매일 지나가는 익숙한 길이었는데도 그날따라 새로운 풍경이 눈에 들어왔다고 합니다. 그 는 "무지개가 엄청 예쁘게 63빌딩 방향으로 떠 있었다"며, "또 반대편 서강대교 쪽에서는 노을 이 막 지고 있었다"고 말문을 열었습니다.

강 씨는 "원래 마포대교는 지나가다 보면 손님들이 카메라로 야경을 찍는 경우가 많은데 그 날은 평소와 다르게 '찰칵' 소리가 너무 많이 났다"며 "고개를 들어 보니 30명 남짓한 승객들이 하나같이 카메라로 사진을 찍고 있었다"고 설명했습니다. 앉아 있던 승객들까지 모두 일어나 서 사진을 찍는 모습에 강 씨는 '얼마나 답답했으면 저러실까' 싶어 농담 반 진담 반으로 "어떻 게, 차 좀 세워 드려요?"라고 물었다고 합니다.

강 씨는 당연히 승객들이 "아니, 아니에요."라고 할 줄 알고 장난식으로 던진 말이었지요. 하지만 승객들은 예상치 못한 반응을 보내 왔습니다. 약속이라도 한 듯 전부 "네!"라고 입을 모아 답한 거였죠.

그는 "마포대교는 신호체계상 차가 안 오는 시점이 있고 도로가 넓어서 잠깐 차를 세워도 다른 차들에 지장이 없다"면서 "마포대교 중간쯤부터는 신호 바뀌는 신호등도 눈에 보인다"고 설명했습니다. 그렇게 신호가 바뀌는 걸 확인한 그는 잠시 비상등을 켜고 승객들에게 편히 무 지개를 담을 '몇 초의 여유'를 선물했습니다(경찰에 따르면 한강의 다리들은 주차는 금지되지만 절 대적 정차 금지 지역은 아니라고 합니다).

버스 운전 5년 차인 강 씨는 그 유명한 '160번 노선'의 기사입니다. 160번 버스의 1회 운행 길이는 70㎞로 총 4시간 30분이 소요됩니다. 게다가 서울시 전체 승객 탑승 순위 2위 노선으로 운행하기가 결코 쉽지 않죠. 그런 그에게도 낙이 있는데 바로 손님들과 소통하는 것입니다. 그는 "운전하면서 승객들과 소통하는 걸 정말 좋아한다"며 "코로나19로 마스크 쓰고 다니기 전에는 대화도 많이 했는데, 이젠 그것도 힘들다"라고 아쉬움을 표했습니다. 그러면서 "빨리 이 바이러스가 없어져서 옛날처럼 편안하게 손님들과 소통할 수 있는 날이 왔으면 좋겠다"는 작은 바람을 밝혔습니다.

그날 160번 버스가 마포대교에 멈춰선 이유를 접한 누리꾼들은 강 씨의 배려에 따뜻한 반응을 보이고 있습니다. "아름답네요. 무지개를 보는 승객들의 순수한 동심을 지켜 주신 기사님 멋집니다", "승객들에게 평생의 추억을 선물하셨네요" 등 응원의 메시지가 쏟아지고 있습니다.

버스에 탄 승객들은 무지개와 함께 선물 같은 순간을 보낼 수 있었을 겁니다. 버스 승객들이 저마다 그 순간을 포착한 무지개 사진들 역시 또 다른 누군가에게 희망의 메시지로 전달되곤 했겠지요. 코로나19와 폭염에 지친 승객들의 퇴근길, 휴대전화에 무지개를 담아낼 선물 같은 시간을 선사한 버스 기사님의 따뜻한 진심이 160번 버스 밖 다른 이들에게까지 전해지길 바라 봅니다.

－이주연 인턴기자(국민일보 2021. 7. 25.)

학습자료 3

"억울한 20년 옥살이에도, 저는 용서하고 싶습니다"

이춘재 연쇄살인 8차 사건의 재심 청구인인 윤성여(53) 씨가 자신을 범인으로 몰아갔던 담당 형사들에 대해 "용서하고 싶다"고 밝혔다.

윤 씨의 변호인인 박준영 변호사는 지난달 30일 페이스북에 윤 씨와 법정에서 나눴던 대화를 공개했다. 이 사건의 마지막 공판기일이었던 지난달 19일 피고인 신문을 하면서 나눈 대화라고 한다. 박 변호사는 윤 씨의 말을 그대로 옮기며 "존경한다"고 고백했다.

박 변호사는 "윤 선생님은 초등학교 3학년을 마치지 못했다"며 "지금 우리를 대립과 갈등으로 몰고 가는 권력자들만큼 많이 배우지는 못했지만 혹독한 운명을 바탕에 깔고 있는 깨달음이 용서를 말하고 있다"고 했다. 이어 "얇은 옷이 겨울 추위를 있는 그대로 깨닫게 하듯이 고생을 해 본 사람의 인간과 삶에 대한 성찰과 각성은 정직하고 아름답다"고 덧붙였다.

박 변호사는 자신의 지난날을 반성하기도 했다. 그는 "여러 재심 사건을 맡아 진행하면서 남의 불행을 제 이름을 알리는 데 많이 이용했다"며 사건의 공론화를 위해 얼굴을 공개하고 인터뷰에 나서라고 의뢰인을 설득하고는 했다고 털어놨다. 박 변호사는 "정말 부끄럽다"며 "염치없는 권력자들을 통해 이런 제 얼굴을 비춰 본다"고 말했다.

박 변호사는 "윤 선생님은 교도소에서 2년 동안 성경을 필사했다"면서 전도서 1장 2절의 '허무로다. 허무! 모든 것이 허무로다'라는 구절이 가장 마음에 와닿는다고 했다. 그러면서 "한동안 이름을 알리려고 재심 사건을 맡았는데 이제는 내가 왜 사는지를 알아 가는 것 같다는 그 배움 때문에 이 일을 하는 것 같다"고 말했다.

박 변호사는 교화복지회 '뷰티플 라이프'의 나호견 원장이 윤 씨에게 했던 말을 전하기도 했다. 나 원장은 출소 후 갈 곳 없던 윤 씨와 3년여간 지내며 자립을 도운 인물이다. 박 변호사는 나 원장이 윤 씨에게 "나는 너를 정말 존경한다. 나는 그렇게 못 산다"고 말한 적이 있다며 "저도 그렇다"고 했다.

윤 씨는 이춘재 연쇄살인 8차 사건의 범인으로 지목돼 20년간 억울한 옥살이를 했다. 그는 이춘재의 범행 자백 이후인 지난해 11월 법원에 재심을 청구했고, 법원은 올해 1월 이를 받아들여 재심 개시 결정을 내렸다. 검찰은 지난달 19일 결심공판에서 "피고인이 이춘재 8차 사건의 진범이 아니라는 사실이 명백히 확인됐다"며 윤 씨에게 무죄를 선고해 달라고 법원에 요청했다.

—박은주 기자(국민일보 2020. 12. 2.)

나눔 재판

오늘의 마지막 재판이 시작되었습니다. 검사가 피고에게 공소 사실을 추궁했습니다. "돈을 내지 않고 남의 가게에서 물건을 훔친 적이 있습니까?" 노인은 순순히 그렇다고 자백을 했습니다.

피고는 일흔이 넘은 힘없는 노인이었습니다. 본인의 의지 없이 변호를 맡은 변호인은, 그가 어쩔 수 없이 그랬을 거라고 했습니다. 검사는 판사에게, 노인의 혐의 사실이 입증되었으니 법대로 처벌해 달라고 말했습니다.

판사는 노인을 바라봤습니다. 돌봐주는 가족도 없고, 일정하게 사는 곳도 없이 거리에서 살아가는 불쌍한 노인이었습니다. 병든 몸을 이끌고 배가 고파서 남의 가게에 들어가 물건과 돈을 훔친 죄로 이미 여러 번 벌을 받은 노인이었습니다. 더구나 그에게는 어린 손자 아이가 딸려 있었습니다.

판사는 노인이 불쌍해졌습니다. 그에게 벌을 줘도 그는 또다시 이곳에 올 수밖에 없다는 생각이 들었습니다. 그렇다고 해서 무죄를 선고할 수도 없어, 판사는 그에게 법대로 벌을 내렸습니다.

판결을 끝내고 판사는 법복을 벗었습니다. 그러고는 방청객들 앞에 나갔습니다. "방청객 여러분, 저 노인은 분명히 죄인입니다. 저는 방금 재판관으로서 법에 의하여 저 노인에게 벌금형을 내렸습니다. 그러나 저는 지금 마음이 무척 괴롭습니다. 저 노인과 아이가 저렇게 되도록 놔둔 책임이 제게도 없지 않다는 생각이 듭니다. 옳고 그름을 따지는 일도 중요하지만, 그것이 모든 문제를 해결해 주지는 못합니다. 저 노인에게는 제가 언도한 벌금을 낼 만한 능력이 없습니다. 여러분, 저 노인이 내야 할 벌금의 절반을 제가 내겠습니다. 여러분도 조금씩 보태 주십시오."

방청객들은 검사가 돌리는 봉투에 돈을 넣기 시작했습니다. 봉투는 금세 두툼해졌고, 그 돈은 노인에게 전달되었습니다. 근심과 초조 속에서 여러 재판 장면을 지켜봤던 방청객들의 표정이 잠시나마 밝아졌습니다.

글/이의용

행복한 물꼬

치수(治水) 대책이 별로 없었던 시절에는, 농번기에 논에 물을 대는 게 큰 관심사였습니다. 낮에 자기 논으로 물꼬를 터놓고 가면, 다른 논 임자가 밤에 몰래 자기 논으로 물을 돌려놓는 일이 많았습니다. 비가 오는 밤이면, 그걸 막느라 밤을 새워 논을 지키기도 하였습니다. 그래서 한동네에 살면서 물 때문에 싸우거나, 그 일로 인해 두고두고 앙숙으로 지내는 수가 많았습니다.

어떤 마을에 농부가 살고 있었는데, 가뭄이 들었습니다. 이웃 논 임자가 밤마다 개울가에 붙어 있는 자기 논의 물을 몰래 끌어대곤 하였습니다.

어느 날 밤 논으로 나간 농부는, 몰래 물을 대러 나온 그를 멀찌감치에서 봤습니다. 그가 돌아가자, 농부는 얼른 가서 물을 자기 논으로 되돌려 놓았습니다. 다음날에도 그렇게 했습니다. 이웃 논은 이미 물이 부족해 벼가 말라 가고 있었습니다.

농부는 하루 종일 마음이 무거웠습니다. 그날 밤, 농부는 논에 나가지 않았습니다. 그다음 날에도 나가지 않았습니다.

그다음 날 아침, 논으로 나가보니 물이 자기 논으로 흘러 들어오고 있었습니다. 그는 물을 이웃집 논으로 돌려놓았습니다. 마음에 기쁨이 솟아올랐습니다. 그날 밤, 그의 마음속에는 밤새도록 천둥과 번개가 몰아쳤고, 비가 억수같이 쏟아져 그의 메마른 마음의 논을 흠뻑 적셔 주었습니다.

다른 사람이 내게 잘못한 것을 기억에서 지워 버리고 보복을 포기한다는 건 대단히 훌륭한 일입니다. 그러나 그것만으로 마음이 진정 편해지지는 않습니다. 삽을 들고 나가 내 손으로 물꼬를 이웃의 논으로 터 줄 때, 진정한 행복이 차오릅니다. 소중한 내 것을 기꺼이 내줄 때, 얼굴에 잔잔한 미소가 살아납니다.

글/이의용

"내 탓이요!", "네 탓이요!"

차를 타고 도로를 달리다가, 앞에 가는 차의 뒷면에 붙어 있는 스티커를 보는 것도 참 재미있는 일입니다. 초보 운전자임을 알리는 차도 있고, 상품 이름을 홍보하는 차도 있고, 전도를 하는 차도 있고, 자신이 특별한 신분임을 은근히 과시하는 차도 있습니다. 교통질서를 지키라고 계몽하는 차들도 있고, 요즘엔 애국심을 강조하는 차도 있지요. 차마다 한마디씩 외치면서 도로를 달리는 것 같습니다.

가만히 보면, 우리나라도 구호가 참 많은 나라입니다. 뭘 어떻게 하자는 외침을 곳곳에서 자주 보고 들을 수가 있잖습니까? 요즘엔 보기 어려워졌지만, 20여 년 전만 해도 자동차에 많이 붙어 있는 것 중 하나가 '내 탓이요'라는 스티커였습니다. 천주교 어느 단체가 시작한 운동인데, 그 스티커를 볼 때마다 많은 걸 생각할 수 있었습니다.

'내 탓이요'라는 말은, 스스로 가슴을 치며 통회(痛悔)할 때에 쓰는 말입니다. 우리 모두가 모든 문제의 원인을 스스로에게서 찾고 나부터 잘하자는 좋은 뜻이지요. 그런데 가끔은 이 말의 참 의미를 잘 모르고, 그냥 차에 붙이고 다니는 운전자들도 많았습니다. 더구나 그걸 붙인 차가 교통질서를 지키지 않을 때에는, '참 좋은 말 하나가 의미를 잃어버리며 퇴색하는구나' 하는 안타까운 생각을 하게 됩니다.

'내 탓이요'라는 말은 어디까지나 어떤 원인 행위에 대한 책임을 뜻합니다. 그러니 뭔가를 특별히 잘못한 사람들이 용서를 비는 마음으로 '내 탓이요' 스티커를 붙이고 다니는 게 정상적이죠.

사실 이런 문구는 운전석 부근에 붙여 놓고, 혼자서 조용히 자기 반성을 하는 데 필요한 겁니다. 자기 잘못을 반성하는 걸, 온 세상에 요란하게 과시할 필요는 없을 테니까요. 더구나 그걸 붙이고도 교통질서를 지키지 않는다면, 도무지 말이 되지 않습니다. 이 스티커를 차 꽁무니에 붙이고 다니면, 결국 뒤차 운전자보고 각성하라는 '네 탓이요'가 될 수도 있습니다.

흔히 우리가 손가락으로 남을 탓할 때, 그 손가락이 가리키는 방향을 자세히 보십시오. 하나는 남을, 또 하나는 하늘을, 그리고 나머지 셋은 자기 자신을 가리키는 걸 알 수 있습니다. 남만 탓하는 개혁은 성공하기 어렵습니다. "From Me!", 즉 "나부터!" 시작하는 개혁만이 성공할 수 있습니다. 남들에게만 반성을 촉구하지 말고, 스스로를 돌아보며, 스스로를 탓하고 반성하는 게 바른 순서인 것입니다.

작은 변화가 큰 변화를 이뤄 냅니다. "네 탓이요!"라며 남의 탓만 하는 요즘, "내 탓이요!" 운동이 다시 일어났으면 좋겠습니다. 이번에는 "내 탓이요" 스티커를 차 꽁무니가 아니라 운전석 핸들 부근에 옮겨 붙였으면 합니다.

글/이의용

경비원 대신 경비 서는 아파트 주민들

서울 서대문구의 작은 아파트. 이곳에서는 경비원 대신 주민들이 돌아가며 근무를 하고 있었다. 아파트 단지를 청소하고, 주차 정리를 하고, 심지어 오전과 오후 교대 근무까지. 모두 주민들이 자발적으로 나선 것이다. 그 이유는 바로 경비원의 빈 자리를 채우기 위해서였다. 갑작스럽게 건강이 악화된 경비원 할아버지를 대신해서, 주민들이 경비 업무를 보는 상황이었다.

이곳 주민들과 경비원은 가족처럼 애틋한 사이였다. 10년 넘도록 근무하며 아파트를 지킨 경비원 두 분이 있는데, 그 중 한 분인 한대수 씨가 갑자기 어느 날 모습을 드러내지 않았다. 정이 든 주민들이 한 씨의 근황을 물었다. 알고 보니, 한 씨는 췌장암 3기 판정을 받고 암 투병 중이었다.

"우리가 가만히 있으면 안 된다. 도와드려야 한다" 아파트 주민들은 한 씨를 위해 한마음으로 뭉쳤다. 그렇게 자발적인 모금 활동이 시작됐고, 주민들이 십시일반 모은 돈은 한 씨의 치료비로 전달됐다. 또 주민들은 한 씨를 대신해 교대로 경비 업무를 담당하기로 했다. 오전, 오후 교대 근무를 하면서 아파트 단지를 지키고 청소까지 도맡았다. 계절이 바뀔 때면 주민들이 다 같이 모여 단지 대청소도 했다.

주민자치회장은 "10년 넘게 저희를 위해 일해 주셨는데, 갑자기 아프다고 새로 사람을 뽑고 해고할 수는 없었다. 그분이 건강해질 때까지 기다리기로 했다"고 밝혔다. 실제로 주민들과 아이들은 "아저씨 꼭 돌아오세요", "기다릴게요", "할아버지 웃는 모습 빨리 보고 싶어요"라며 한 목소리로 응원했다.

그 따뜻함에 한 씨는 눈물을 터뜨렸다. 한 씨의 딸인 한정임 씨는 "주민 분들이 '아저씨 올 때까지 기다리겠다'라고 한 걸 보고 아빠가 저랑 많이 우셨다. 아빠도 그 계기로 항암 치료를 받겠다고 하셨다"고 말했다. 이어 "주민분들에게 보답하기 위해서라도 치료 잘해서 다시 복귀하자고 용기를 냈다"고 덧붙였다.

－MBC 실화탐사대(2021. 5. 6.)

불을 그냥 두면 끄지 못한다

어느 농촌에 '이반'과 '가브릴로'라는 사람이 살고 있었다. 두 사람의 부모는 매우 절친한 사이였고 가족들끼리도 매우 친하게 지내 왔다. 그러나 어느 날 뜻하지 않은 일로 앙숙이 되고 말았다.

이반의 암탉 한 마리가 가브릴로네 뜰로 날아 들어갔기 때문이다. 이 가브릴로네 뜰에 들어간 암탉은 알을 낳은 것처럼 꼬꼬댁 소리를 지른 후 뛰쳐 나왔다. 이반네 식구들이 이 장면을 봤다. 암탉이 알을 낳았다고 생각한 이반네 가족은, 알을 찾으러 가브릴로네 집으로 들어갔지만 알은 없었다.

이반은 가브릴로에게 알을 내놓으라고 했다. 가브릴로는 알을 낳지 않았다고 했지만 이반은 믿지를 않았다. 이 일로 두 집은 싸움을 벌이게 됐다. 서로 옷을 찢으며, 치고받았다. 이 일로 인해 두 사람은 서로 고소하고 법정에 서게 되었다. 두 사람은 주민들에게 온갖 선심을 써 가며 자신의 결백을 믿어 달라고 사정을 했다. 이반은 가브릴로에게 태형을 선고하도록 만들었다.

두 집이 싸우는 사이에, 가브릴로의 마차에서 문짝 하나가 사라지고 말았다. 가브릴로는 확인해 보지도 않은 채, 그것이 이반의 아들이 한 짓이라 단정하고는 이반을 또 고소했다. 이반은 가브릴로가 "자기네 달걀 하나를 훔쳐 갔다"고 고소하고, 가브릴로는 이반의 아들이 "자기네 마차의 문짝을 떼어 갔다"고 고소했다. 이렇게 되어 가장 가깝게 지내던 이반네와 가브릴로네는 하루아침에 앙숙으로 변하고 말았다.

어느 날 그 동네에 결혼식이 열리게 되었다. 거기에 두 가족이 모두 참석했다. 이반의 부인은 가브릴로를 보자, '우리 달걀을 훔쳐 간 사람'이라고 비난을 퍼부었고, 화가 난 가브릴로는 이반의 부인을 때려 큰 상처를 입혔다. 그러자 이번에는 이반이 가브릴로를 고소했다.

벌금을 물고 나온 가브릴로는 분을 참지 못하고, 이반의 창고에 불을 지르기로 했다. 잠자리에 들었던 이반은 움직이는 물체와 불을 발견하고는, 불을 지르고 달아나는 가브릴로를 뒤쫓았다. 결사적으로 가브릴로를 추격하던 이반은 가브릴로를 잡아 쓰러뜨렸다.

그런데 그 사이에 이반의 집은 모두 타 버리고 말았다. 그리고 그 불은 바로 옆에 위치한 가브릴로의 집으로 옮겨 붙어 가브릴로의 집마저 태워 버렸다. 그러고는 불길이 더 거세져 그들이 살고 있는 마을 전체를 홀랑 태워 버리고 말았다. 온 마을이 삽시간에 잿더미가 되고 말았다. 미움과 복수, 이것 때문에 서로 치고받는 동안 온 동네가 타 버리고 만 것이다.

이때 늙은 아버지가 이반에게 말했다. "이반, 누가 마을을 불태웠느냐?", "그놈이에요. 아버지. 제가 두 눈으로 보았거든요.", "이반, 너는 불을 먼저 껐어야 했다. 그럼에도 너는 가브릴로만 뒤쫓았다." 이반은 그제야 깨달았다. "맞아요. 제가 불붙은 짚단을 비벼 껐더라면 아무 일도 일어나지 않았을 거예요. 제 잘못입니다." 그리고 아버지에게 용서를 빌었다. 그러자 이반의 아버지는 "가브릴로도 용서해야 돼!"라며 "이제는 누가 불을 질렀는지 말해서는 안 된다. 남의 잘못을 하나 덮어 주면 신께서도 네 잘못 두 개를 용서하신단다."

이반이 가브릴로의 소행을 발설하지 않았기 때문에 어떻게 불이 일어났는지 아무도 알지 못했다. 가브릴로는 왜 이반이 자기의 소행을 말하지 않는지 내심 놀라워했다. 가브릴로는 이런 이반을 처음엔 두려워했으나 차차 그런 마음이 줄어들었다. 그 사이에 양쪽 가족들도 점점 사이가 좋아졌다. 불탄 집을 다시 지을 때까지 그들은 한 지붕 아래에서 살았다. 아버지의 충고를 들은 이반은 가브릴로와 화해하고 두 가정은 다시 화목하게 지내게 되었다.

─톨스토이

비와 인생

삶이란 우산을 접었다 폈다 하는 일이요.
죽음이란 우산을 더 이상 펼칠 수 없는 일입니다.

성공이란 우산을 많이 소유하는 일이요.
행복이란 우산을 많이 빌려주는 것이고
불행이란 아무도 우산을 빌려주지 않는 것입니다.

사랑이란
한쪽 어깨가 젖는데도 하나의 우산을 둘이서 같이 펼치는 것이고
이별이란
하나의 우산에서 빠져나와 각자의 우산을 펼치는 것입니다.

연인이란
비 오는 날 우산 속에서 얼굴이 가장 아름다운 사람이고
부부란 비 오는 날 버스 정류장에서
사랑하는 사람을 기다리는 모습이 가장 아름다운 사람입니다.

비를 맞으며 혼자 걸어갈 줄 알면
인생의 멋을 아는 사람이고
비를 맞으며 혼자 걸어가는 사람에게
우산을 내밀 줄 알면 인생의 의미를 아는 사람입니다.

세상을 아름답게 만드는 건 비요
사람을 아름답게 만드는 건 우산입니다.

－김수환

저자 소개

이의용(Lee Eui-yong)

전주비전대학교 객원교수
국민대학교 교수 역임
아름다운동행 감사학교 교장
문학박사
이의용TV
yyii@kookmin.ac.kr
010-7200-5054

감사·배려·화목의 인생을 열어 주는
감사행전(感謝行傳) 워크북
Thanks Giving Workbook

2021년　8월　20일　1판　1쇄　인쇄
2021년　8월　30일　1판　1쇄　발행

지은이 • 이의용
펴낸이 • 김진환
펴낸곳 • ㈜ 학지사
　　　　　04031 서울특별시 마포구 양화로 15길 20 마인드월드빌딩
대표전화 • 02-330-5114　　팩스 • 02-324-2345
등록번호 • 제313-2006-000265호

홈페이지 • http://www.hakjisa.co.kr
페이스북 • https://www.facebook.com/hakjisabook

ISBN 978-89-997-2486-2　03370

정가 9,000원

출판 · 교육 · 미디어기업 학지사
간호보건의학출판 **학지사메디컬** www.hakjisamd.co.kr
심리검사연구소 **인싸이트** www.inpsyt.co.kr
학술논문서비스 **뉴논문** www.newnonmun.com
교육연수원 **카운피아** www.counpia.com